# The Common Good
## Fostering Benevolence, Communication, and Harmony in Today's East Asia

# 東アジアの共通善

## 和・通・仁の現代的再創造をめざして

荒木　勝【監修】
邊 英 浩【編集】

岡山大学出版会

# 推薦のことば

大学で学ぶことの目的や目標は、学生諸君により諸種であると思います。しかしながら、深い専門的知識や高度な技術、そして幅広い教養の習得を大学教育の主要な目的とすることに異存のある人は、少ないと思います。この目的達成のため岡山大学は、高度な専門教育とともに、人間活動の基礎的な能力である「教養」の教育にも積極的に取り組んでいます。

限られた教育資源を活用し大学教育の充実を図るには、効果的かつ能率的な教育実施が不可欠です。これを実現するための有望な方策の一つとして、個々の授業目的に即した適切な教科書を使用するという方法があります。しかしながら、日本の大学教育では伝統的に教科書を用いない授業が主流であり、岡山大学においても教科書の使用率はけっして高くはありません。このような教科書の使用状況は、それぞれの授業内容に適した教科書が少ないことが要因の一つであると考えられます。

適切な教科書作成により、授業の受講者に対して、教授する教育内容と水準を明確に提示することが可能となります。そこで教育内容の一層の充実と勉学の効率化を図るため、岡山大学では平成二〇年度より本学所属の教員による教科書出版を支援する事業を開始いたしました。

教科書作成事業は、全学教育・学生支援機構教育開発センターFD専門委員会の下に設置された岡山大学教科書WGにおいて実施しています。本専門委員会では、提案された教科書出版企画を厳正に審査し、また必要な場合には助言をし、教科書出版に取り組んでいます。

今回、岡山大学のオリジナルな教科書として、『東アジアの共通善――和・通・仁の現代的再創造をめざして』を出版することとなりました。この教科書は、岡山大学が五年間にわたって取り組んできた、キャンパス・アジア（CAMPUS Asia）という教育プログラムを背景としています。キャンパス・アジアは、「東アジアの共通善を実現する深い教養に裏打ちされた中核的人材育成プログラム」というタイトルを掲げ、真に深い連帯に支えられた東アジアの新しい共同体を創ってゆく人材の育成に取り組んで参りました。

本書では、「共通善」を更に探求し創造してゆくための出発点として、中国における仁、韓国における通、日本における和という価値観が取り上げられ、大変分かりやすく解説されています。学生諸君が、こうした伝統的な価値観を深く知るとともに、将来の東アジアを支える新しい価値観を創りだしてゆくことに本書が役立つことを期待しています。

また、これを機に、今後とも、岡山大学オリジナルの優れた教科書が出版されていくことを期待しています。

平成二九年三月

国立大学法人 岡山大学 学長　森田潔

# 監修者序文

このたび『東アジアの共通善――和・通・仁の現代的再創造をめざして』と題して教科書を出版することとなりましたが、この出版の意図について一言申し上げたく思います。

この教科書出版の背景には、岡山大学が五年間にわたって取り組んできた、キャンパス・アジア（CAMPUS Asia）という教育プログラムがあります。岡山大学のキャンパス・アジアは、「東アジアの共通善を実現する深い教養に裏打ちされた中核的人材育成プログラム」というタイトルを掲げています。すなわちこのプログラムは、日本・韓国・中国の間のさまざまな政治的状況を踏まえながら、将来この三国を担うことになる青年たちを、真に深い連帯に支えられた新しい共同体を創ってゆく人材に育てあげる教育プログラムであります。

日本・韓国・中国は、非常に高いレベルの経済成長と生活水準の実現を果たした国であり、三国によって形成される経済的な共同体は、世界的にも最大規模のものであります。今日の日中韓の経済的な結び付きの緊密さは、同じく国家の共同体であるＥＵと比べても、より深く強いとさえ言えるかもしれません。

ところが、まさに経済的に緊密な関係にありながら、ＥＵ共同体と比較した場合、中国・韓国・日本の関係には大変大きな欠陥が残っています。それは、政治的または思想的な信頼感の欠落です。いうまでもなく、その大きな原因は、二〇世紀に入ってからの三国間の大きな戦争という経験にあり、そうした深い対立の経験が三国の間での信頼を大きく損なわせてしまい、今日においても深い溝は修復され切らずに残っているわけです。

ヨーロッパでももちろん、第一次・第二次世界大戦のみならず、国々は多くの戦争を繰り返して来たのですが、ＥＵの場合には、そうした政治的対立をなんとか乗り越えて、歴史的・政治的共通認識を生み出して来ているように見えます。ところが、東アジアの三国はそうした共通認識を生み出す状況にいまだいたっておりません。そうした意味で、いま必要なのは、三国の歴史・政治についての共通の認識を創り上げることであり、またそれを基にした信頼関係を創っていくことである、と考えられるわけです。

こうした問題意識を踏まえたうえで、私たち岡山大学キャンパス・アジアが掲げた課題は、三国間の「共通の善」というものを探る、そして、それを若者の心の中に・中から創り上げてゆくということでありました。その際、もちろん、若者といっても、それぞれの国の文化的影響を受けているわけでありますから、それぞれの国の共通の価値観の伝統をまずは探ってゆき、そして、こうしたそれぞれの国に共通の価値観を踏まえたうえで、さらに三国間の共通の価値観を探求・創出してゆくという方向を目指してきました。このようにして得られた共通の価値観こそが、将来の東アジアを担っていく若者たちの心の中に宿るものであり、これを教え共に考えてゆくことが、これからの東アジアの教養教育の中核的内容となるだろうと考えたのです。

岡山大学キャンパス・アジアでは、こうした教育プログラムを創り上げるために、共通の価値の探求という課題について、「伝統思想」・「経済」・「歴史認識」・「漢字文化」という四つの分野にそれぞれ研究チームを設けて、キャンパス・アジアプログラムの協定校である岡山大学（日本）・成均館大学（韓国）・吉林大学（中国）の研究者を中心に多方面から専門家に集まっていただき、研究会や国際シンポジウムで活発な議論を重ねてきました。その成果の一つとして、特に伝統思想という角度から共通善に光をあてた教科書を出版するというのが今回の試みです。

今回の教科書作成の試みにおいて、中国の人々のなかで最も共通なものであると考えられている価値観は何か、韓国の人々が共通して大切にしている価値観はなにか、そして日本人にとっての共通な価値とは何かと探求してゆくなかで、今後の探求を促していくための仮説として私たちが注目したのが、中国における仁、韓国における通、そして日本における和という価値観です。本書では、これら和・通・仁がそれぞれの国でどのように理解されてきたのかが、各章において大変丁寧にかつ分かりやすく解説されています。そして、このようにして和・通・仁という価値観を深く理解することを通し、これをいわば叩き台として、和・通・仁という価値観をも貫く共通の価値観というものをさらに探求・創出してゆく端緒とする、これが今回の出版の大きな狙いです。

このように、本書がとりあげる和・通・仁は、あくまでも探求のための問題発見的な仮説でありますが、それでもやはり、それぞれの国の伝統を背後に持ちながらも、東アジアの共通の価値観になり得るような豊かな内容と可能性を持っていることは、本書の各執筆者が解説して下さっている通りです。若い人たちが、こうした伝統的な価値観を大切に学んだうえで、東アジアの真の連帯を支える共通の価値観を創ってゆく。このことに本書が貢献することができれば、大変ありがたいと考えています。

二〇一七年（平成二九年）一月

国立大学法人　岡山大学　副学長　荒木勝・口述（吾妻聡・筆記）

# 編者序文

邊《ピョン》英《ヨン》浩《ホ》

読者の理解の便宜に供するため、本書の内容についてはじめに説明をしておこう。なお本テキストでは日本・韓国・中国の人々という場合、日本人、韓国人は単一民族幻想がかつて強かったマジョリティーを指し、多民族国家中国では人口の多数を占める漢民族を指して使用していることをお断りしておく。

まず第一章において、本プロジェクトの構想責任者であった荒木勝が本書のタイトルになっている「共通善」について、本書と関わらせて詳細な説明をおこなう。共通善は、日本語辞書としてよく利用される『広辞苑』『大辞泉』にもでてこないほどなじみのないものであるが、西洋においては古代ギリシア哲学、アリストテレス哲学以来の重要なことばであり、その原義が英語訳などを経て、さらに共通善という漢字に翻訳される過程でどのような問題を抱えるようになったのかを指摘し、本書での課題を提示していく。

第二章は、東アジアの共通善の総論1にあたる部分である。金泰昌が東アジアの共通善とは、東アジア共通のモノとも異なる、「和・通・仁の相関連動態」であることを明快に説明していく。さらに本書の今後の課題ともなる、人格と個人との違い、個体生命と宇宙生命についてまで展開している。この第二章だけは日韓中の学生への講演をテープからおこした文章をベースにしたものであるため、他の章とは文体が異なっているが、学生、若者たちには馴染みやすいものとなっている。

第三章は、東アジア共通善の総論2にあたる部分である。邊英浩が、東アジア三国の社会構造を対比しつつ、その社会構造が和・通・仁とどのような関係にあるのかを浮かび上がらせつつ課題を示していくが、現代東アジア各国の若者にとって切実な就職・就業事情からそこに立ち入っていく。

第四章以降からは各論に入る。まず第四〜六章においては和を、第七〜九章では通を、第十〜十二章では仁をそれぞれとりあげる。本書は東アジア三国の学生や若者にテキストとして使用できる内容となっているが、まずは日本人の学生、若者への教材とすることを念頭においているため、日本人の共通善と考えられる和を初めに配置している。その和の分析のなかで、和は通じてこそ和となり、通じなければ不和、あるいは同（付和雷同）になることが具体的な素材をとりあげつつ指摘される。和では、第四・五章を頼住光子が、第六章を片岡龍が担当する。

第六章までの分析で、通の本格的な分析の必要性を痛感させられ、それを受けた第七〜九章で柳生真が通について、中国、韓国、日本の順序で展開していく。この柳生の論述は、通を重要な現代哲学・思想の用語としてとりあげた、学問的画期となるものであろう。

第十〜十二章では、仁についての分析がなされていく。仁は和と同様に通じなければ不仁となるが、第十・十一章は中尾友則が、第十二章は片岡龍が担当する。

最後に第十三章であるが、金東光が東アジアの教育事情に触れた後に、欧米の共通善と関わらせてハーバーマスの討議民主主義、公共性・公共圏について説明をし、これが本書が取り扱ってきた和・通・仁であるともいえる内容であることを指摘している。東アジアの共通善としての和・通・仁は、実は欧米の共通善を自らの伝統思想の言葉で語ったものであることが指摘され、本書は締めくくられる。

# 目次

# 第一章　共通善とは何か・その根本的課題は何か

荒木　勝・口述
吾妻　聡・筆記

和・通・仁の各章での具体的な考察に先だって、本章では、改めて「共通善」という概念について解説を加えておきたいと思います。本書でいう共通善の探求とは、簡単にいえば、「日本・韓国・中国の共通した善《よ》い価値を探す」ということを意味するわけですが、ただ、「共通する善い価値」ということを本格的に考える際には、様々な事柄・論点について慎重な考察を加えなければなりません。実際、「共通善」とは、英語ではコモン・グッド（Common Good）という言葉にあたりますが、このコモン・グッド概念をめぐって西洋思想・東洋思想ともども様々な議論を蓄積して来ました。

複雑な議論の蓄積をここでは思い切って大きく二つの流れに分けてみますと、⑴個人の利益を中心にして社会ができているという考え方に基づくコモン・グッド思想の伝統が一方にあり、他方に⑵全体的な利益がまずあって、そのうえで個人の利益が保障されてゆくという考え方に基づくコモン・グッド思想の伝統がある、ということができます。例えば、「個人」を出発点とする近代西洋の思想に典型的なように、個人の利益・権利がしっかりと保障されるのがまずもって大切で、それがうまく行くためのいわばサブシステム（Subsystem）として「共通の利益」というものを考える必要があるという考え方があります。しかしながら他方、全体的な利益・秩序が安定していないと個人は生存すら危うい状態におかれてしまうという意味で、共同体の全体的な利益という概念を中心に据え、個人的な利益は飽くまでこれに従属するものとして位置付けるという考え方もあります。

私たちのキャンパス・アジアが考えている方向性は、この二つの考え方のうちのどちらかを一方的に追究するというものではありません。個人の利益がきちんと保障されていないところには正しく適切な全体的な利益は想定できないし、現実化することもできません。他方で、全体的な利益への配慮を欠いた自己中心的な利益追求は、正しい利益（権利）の主張とはやはり異なります。したがって、全体と個とを切り離して追究するのではなく、飽くまでも個人の利益と全体的利益とがバランスがとれるようなかたちで共通善というものを探求するという方向を採りたいと考えています。

そして、こうした個と全体のバランスという難しい課題を引き受けながら共通善について最も深く追究した思想として、私は、アリストテレスの哲学を挙げたいと思います。共通善はギリシャ語では、ト・コイネー・シュンフェロン（τὸ κοινῆ συμφέρον）ということばで表現されているわけですが、これがコモン・グッドと英訳され、さらにこれに漢字をあてたものが「共通善」です。ト・コイネー・シュンフェロンというギリシャ語の原意に沿ってより正確に言いますと、共通善とは、「共同で運んでくるもの」という意味を持ちます。すなわち「個々人が協力をして、善いと思われるものを持ってくる。そこでできあがったのが共通善である」という意味が共通善のもとともとの意味であるということができるわけです。つまり、共通善という言葉には、個々人のイニシアティブから出発し、同時に個々人のイニシアティブが共同性を帯びながら・共同性を担保しながら、持ってくる・創り上げる、という意味が含まれているのです。従いまして、いま目の前にある共通の伝統的な・所与的な価値を大切にする、ということだけが共通善という言葉の意味するところではないということに注意をして頂きたいと思います。

そういう意味において、和・通・仁という長い伝統に支えられた（なかば所与の）価値観を出発点とするとしても、共通善を探求するということの本質は、それぞれの国の若者たちが、具体的な課題について共に議論・活動をすることを通して、つまり共同して具体的に善いと思われるものを創り上げてゆくことを通して、将来に向かって東アジアの新しい価値を形成してゆくことにあるのだ、ということです。

これと関連してもう一つ大切であるのは、共通善という概念が背景として持っている社会秩序のイメージをどのように捉え直すかということです。仁・通・和は、それぞれ特徴的な社会秩序観に基づきながらさまざまな倫理的なメッセージを人々に伝えますが、ことに私たちのプロジェクトがアリストテレス哲学に由来する「共通善」の元来の意味――共に善いものを運んでくること――に立ち戻りながら着目しようとしている重要な事柄は、社会の構成員が「横」の関係で共同しながら価値を担うという社会秩序のイメージが和・通・仁の思想によってどのように表現されているのか（あるいは、いないのか）ということです。つまり、和・通・仁の価値を通じてアジア的秩序観としてよく言われるような、上下関係的・階層秩序的な「縦」の関係（のみ）ではなく、対等・平等な個人の関係としての社会秩序がイメージされ、こうした秩序を形成する原理としての共通善がどのようなかたちで探求されているのか、ということです。こうした対等・平等な社会の担い手は、ギリシャにおいては「市民」という概念で表現されていました。端的にいえば、共通善とは、平等な市民が共に創り出す価値に他ならない、ということになるわけです。

ところが、東アジアの共通善を考える際に大きなネックとなるのは、東アジアにおいては、この市民という概念がまだ充分に定着していないように見えるということにあります。とりわけ日本においては、市民に類する言葉として、大衆とか庶民などといった言葉がありますが、庶民の「庶」の字には「正統から外れたもの」という意味や「盛り合わせた料理のごった煮」という意味があります。実際、国を中心的に担う者として選ばれたエリート層からは外れた者たち（メイン・ディッシュから外れたごった煮）という語感をもって庶民という言葉は使われ続けているように思われます。「指導者」と「大衆」という区別もまた、貴族とかエリートなどの社会の指導層と比べて一段下に置かれた、どこか受け身で能力の劣った集団、それが大衆であるという考え方を残しているように思います。このように、日本の社会は、上下関係（縦の関係）を暗に示す言葉によって表現され続けているのです。

しかし、こうした縦に区別された構成員によって作られた社会は、平等な社会からは程遠いものです。そして重要なのは、こうした縦の関係によって形成される人間関係という感覚が、社会全体のイメージに強い影響を与え、その最も典型的な表現として、私たちの「国家」に対する考え方に反映されてしまっているということです。

例えば、私たち漢字文化圏で国家を意味する「国」という言葉を例に採りましょう。「国」は、より古い漢字では、「國」と表現され、「戈」（武器・武力）を真ん中にして囲われた土地を意味します。また、現在の常用漢字である「国」は、「玉」（「王」）を中心にして囲まれた土地を表現しています。これが、漢字文化圏における国を表現するわけですが、この漢字の成り立ちとそれが意味するイメージのなかに、権力（「戈」）と権力者（「王」）以外の人々（「市民」）が占める位置はありません。私たちの「国」においては、平等な市民が集った共同体というイメージが極端に薄いのです。武力によって統一された地域、貴族や王によって統治された地域、これが国家のイメージであり、こうした考え方を私たちは継承し続けているのです。

ところが、西洋の伝統の根底には、こうした「國」や「国」とはまったく違う政治的共同体についての思想があります。ギリシャ時代のポリス、ローマ時代のレス・プブリカ（ポリテイアー）がそれです。ポリスとは、「平等な市民（ポリテース）」から成る共同体を意味し、レス・プブリカ（ポリテイアー）は、言葉自体が表現しているように、「公的な事柄」を意味し、キビス（市民）からなる平等者の集団を意味します。さらにレス・プブリカ（ポリテイアー）は国家連合を意味する場合もあり、この場合には、市民とは一つの国家を超えた国際連帯を担う存在である、という理解へとつながってゆくことになります。東アジアの国際的な連帯を支える共通善の探求という私たちのテーマに大きな示唆を与えるのは、こうした国家観・市民観であると思われるのです。

もちろん、西洋と東洋の国家観は共通しているところもあります。例えば、武力による統一、支配者の統治機構・財という概念を表現する言葉として、ステート（State）という概念があり、まさに日本語における「国家」はステートの訳語として一般的には考えられています。すなわち、国家概念をめぐる問題を象徴している興味深い事実は、西洋政治思想の流れのうち、ポリスやレス・プブリカ（ポリテイアー）という、より根底的とも言える概念の方のみが漢字化していないということです。

私たちは近代という時代になってはじめて、西洋と本格的に出会い、その思想と社会を学びはじめたために、西洋理解について根本的な欠落をかかえたまま今に至っていると言わざるを得ないのです。近代に入って西洋においても支配的になった統治機構・官僚機構（State）としての国家という考え方と東洋の「国」（「國」）の類似性だけが継承されてしまっているのです。

充分に継承・理解されていない国家観、それがポリス、レス・プブリカ（ポリテイアー）という概念であり、この思想伝統と私たちの思考構造がうまく共鳴できないために、国家という言葉を聞くと、常にステート（State）という概念、つまり、縦の関係を表す社会秩序のイメージを想起してしまうのです。こうした西洋理解に対する歪みをきちんと糾す必要があります。そしてきちんと糾すことによって、西洋と東洋の適切な対話ができるようにもなり、また、私たちの課題である共通善にも新しい光をあてることができるようになると思われます。

実際、こうした社会秩序に対する感覚・イメージを反映して、例えば仁は、上下的な関係を忠誠によって支えるというニュアンスが強調されるかたちで理解されるのが一般です。通にしても同様で、上意下達的な意味において意思を通じさせるというニュアンスが強調されます。和もまた、主従の和やかな関係が主要なテーマになってしまう傾向が強いわけです。

したがって、私たちが追求していくべき課題は、まさに平等な人間のなかでの仁ということを探求すること、平等な人間同士の通を探求すること、そして平等な人間の和のあり方を探求することです。そして大切なことは、こうした方向で共通善を考えて行く以上、人と人の差異というものもしっかりと念頭に措きながら考えて行くことになるということです。平等で対等な人間同士である以上は、意見の食い違いが生じることは避けられないということを前提とした上で、なおも共通の価値を探ろうとすることです。したがって、違いを持つ人々が討論・議論を通して共通の事柄・価値を創り出してゆくということの大切が改めて強調されなければなりません。

まさに聖徳太子の『十七条の憲法』でいわれている和の価値とはそうしたものであるということができます。第一条後段には、「上和（やわ）らぎ下睦（むつ）びて、事を論（あげつら）うに諧（かな）うときには、すなわち事理おのずから通ず」（「然上和下睦。諧於論事。則事理自通。」）と書かれています。このように、「あげつらうこと」（議論をすること）があってはじめて理が通じてゆくという、（伝統的に強調されてきた縦の関係のみではなく）横の関係が追究できるような社会秩序のあり方を支える価値こそが、東アジアに求められている共通善であるのです。

そして、この聖徳太子の考え方の基底には仏教思想があるといってよいでしょう。第十条は「人みな心あり、心おのおの執（と）るところあり。彼是（ぜ）とすれば則ちわれは非とす。……われ是とすれば則ち彼は非とす。共にこれ凡夫（ぼんぷ）のみ。……相共に賢愚なる。」（人皆有心。心各有執。彼是則我非。我是則彼非。…共是凡夫耳。…相共賢愚。）とあります。すなわち、この教えには、「人にはそれぞれ心があり、それぞれに他の考えは間違っていて、自分は正しいという考えをもっている。だが、すべての人は凡夫であり、互いに賢くも愚かでもある」という、人間の根源的な平等性の問題が籠められているのです。だからこそ、互いに「あげつらうこと」(論じること)が大切であるという第一条の論理が出てくることにもなるわけです。

こうした仏教的な根源的な平等観は、仁・通にも貫かれているはずです。上下的秩序が強く押し出される嫌いのある儒教思想のみではなく、東アジアのもう一つの大切な伝統である仏教的平等思想を共通善の探求に改めて生かしながら仁・通・和という概念を再提出していくことが大きな課題となると思われます。こうした一本の線を踏まえて本書を読むことによって、各章で力強く多様に論じられている興味深い考察を統一的に理解する糸口が得られることでしょう。

最後に、共通善研究のテーマが横の関係の考察のみにあるわけではないということも補足的に述べておかなければなりません。今日の状況を冷静に見つめますと、横の関係を一面的に押し出した秩序観が問題を露呈していることも事実です。秩序形成において横の関係だけが一方的に追求されるために、意見を統合してゆくという社会の機能が非常に弱くなり、その結果、秩序自体が弱くなってしまうという可能性があります。例えば、近年、国民投票の重要性がしばしば叫ばれますが、他方で、国民の参加は政治の民主的正統化の論理として最も大切なものであることは否定できませんが、人々が真の意味での市民的教養を備えていない場合には、国民参加がかえって社会秩序を根本から揺るがす原因になりかねない、という古くからの問題(衆愚政治の問題)が解決されたわけでは決してありません。

また翻って日本の戦後の教育のあり方を考えますと、確かに形式的には民主主義理論を前提とした政治学が教えられて来ました。しかしながら、この西洋由来の横の関係を機軸にした理論では、事実として存在し続ける縦の関係に基づく統治の機能や意味、またそのあるべき姿といったものを真正面から論ずることができず、かえって抑圧的な支配構造を学問的な批判と規律から野放しにしてしまうという結果を生んでしまいました。秩序形成原理としての縦の関係についても学問的なレベルでしっかりと考察することを通じてはじめて、その悪しき部分と良い部分とをしっかりと理解することができるようになり、ひいては、横の関係と縦の関係とを同時に視野に入れた社会の秩序とこれを支える共通善を探求することができるようになると思われます。

そうした意味で、縦の関係・上下的な結び付きを基盤にして社会をしっかりと安定させるということの重要性にも改めて目が向けられる必要があります。上下的な秩序の典型として人類は君主制を有してきましたが、私たちは、いわば「正しい」君主制のあり方（とはどのようなものか、可能か）といった観点からも社会の秩序と思想を根本的に学び直す必要があるだろうということです。そして、東アジアの思想伝統こそは、正しい君主制のあり方に関する豊かな示唆と教訓を私たちに与えており、西洋思想を基底にすえた国家論こそ、東洋思想から多くを学ばなければならないと考えます。

このようにして、日本・韓国・中国における縦と横の線をしっかりと紡いでゆくことのできる原理としての共通善を、最終的には、西洋と東洋が真の対話を重ねながら互いから学びあうための根本概念として探求し再提示すること。この重要な出発点を提供するのが本書なのです。

# 第二章　東アジアの共通善は仁・通・和の相関連動態

金《キム》泰《テ》昌《チャン》

【編者解説】

日本（岡山大学）と韓国（成均館大学校）と中国（吉林大学）の学生たちがともに共同学習をする岡山大学のキャンパス・アジアにおいてサマースクールが開講された。ここで「公共する哲学をともにする会」の金泰昌博士が「東アジアの共通善」（二〇一五年八月一〇日）を対話・共働・開新型授業で探索し、東アジアの共通善は和・通・仁（あるいは仁・通・和）であろうとされ、本テキストの全体像を示しているため、各論に入る前のここに掲載する。底本として『未来共創新聞』（第二五号、二〇一五年九月一五日）に掲載された講義内容を使用し、表題、小見出しは編者が未来共創新聞を参考として付し、また必要に応じて一部編者が補った。金泰昌博士は韓国で生まれ育ち、その後、米欧で長きにわたり学問的活動をされ、五〇歳代から日本に滞在され二五年になるが、日本の学者や政治家、経営者たちと対話型の公共する哲学を実践してこられた。

## 一　学生たちへの質問と東アジア共通のモノ

金泰昌と申します。まずわたくしからみなさまに三つの質問をしてみたいと思います。「イエス」か「ノー」で答えてください。

**1．ヨーロッパがアジアを侵略した。**

（「イエス」が大多数で28人。内訳は、中国からの学生12人。日本の学生6人。韓国からの学生10人）

**2．東アジア的アイデンティティがある。**

（イエスが21人。内訳は中国人学生：6人。日本人学生：6人。韓国人学生：9人）

**3．あなたは東アジアの「共通善」ということを考えてみたことがありますか？**

（「イエス」は0人）

なるほど。皆さんの多数は東アジアに「共通するモノ」があるとは考えていますが、東アジアに「共通する善」というのを考えたことはないという話になりますね。では「東アジア的アイデンティティ」があると答えた学生に尋ねます。東アジアで共通するモノを挙げてください。

中国人学生：箸です。
日本人学生：スプーンです。
韓国人学生：漢語（漢字）です。
金博士：まず箸からいきます。中国でレストランに入ると箸が驚くほど長いのです。日本の箸はものすごく短い。韓国の箸はその中間ぐらいです。なぜ長さが違うのでしょう。
韓国人学生：「中国は家族大勢で食べるのが一般的だけれど日本人は一人ひとり分けて食べます。韓国人はその中間ぐらいだからだと思います」
金博士：わたくしは中国の北はハルビンから南は深圳《しんせん》まで、この一〇年の間に何十回も行きました。その折り、わたくしは中国人と日本人に「中国の箸はなぜ長いのですか？」と聞いたことがあります。そうしたら中国人の答えと日本人の答えが真っ向から対立したのです。
中国人の答えは、「中国人は一緒に食べるときに出来るだけ相手のお皿に置いてあげるため長いのです。中国人は他人を思う心が大きいからです。日本人は自分のことだけを考えて、自分の前に置いてあるお皿の食べ物だけを食べて他人を思うなんて心がないから短い。自分しか知らないことの現れだ」と批判しました。
そうすると中国に永年住んでいた日本人が「それは全く違う。日本人は（長い箸で）他人のものを盗み取るという心がそもそもない。自分の食べ物は自分で取って自分で食べる。それでいいんだ。ほかの人はまた自分のものを食べればいいのです。なぜ他人のことをいちいちおもんばかるのですか」と答えました。

黙って聞いていた韓国から来ていた女子学生が、「先生、わたくしはこう思います」、「韓国の箸がちょうど中間なのは、自分も食べて、また相手にもあげるためです。だからそんなに長くもなければ短くもなくて中間ぐらいなんです」と答えたのを聞いて、わたくしはびっくりしました。日・韓・中で共通する箸とは言っても、長い・短い・その中間という違いがある。それは「なぜ?」と、考えてみることがとても大事なのです。

スプーンもそうです。日本的なスプーンは木で作っています。韓国的なスプーンは真鍮(黄銅)で作ります。中国のスプーンは短期間の間にものすごく変化しました。最初の頃は全部鉄でした。その後、真鍮に変わり、さらにアルミニウムにとどんどん変わっています。今、アジアの中で一番速く変わっているのが中国だと思います。

漢字は日・中・韓で共通して使われてきました。漢字で出来ている言葉を漢語といいます。韓国特有の言葉はハングックマル(hanguk-mal)、日本で固有な言葉は和語もしくは大和言葉といって、それぞれが違います。しかし、この三つの国がお互いに漢字・漢語をベースに置けば、なんとかお互いに通じ合えます。西洋では英語、ドイツ語ほかいろんな言葉がありますが、東アジアにおける漢語のような役割を学問的に果たしたのがラテン語です。

## 二　東アジアの共通善——和・通・仁

ここからは三番目の質問、「東アジアの共通善」ということを考えてみたいと思います。箸、スプーン、漢語は「共通財」（公共財）とは言えるけれど「共通善」ではありません。「善」はモノではないからです。

そこで質問の仕方を変えます。箸、スプーン、漢語のようなモノ（財）ではなくて、例えば中国人・韓国人・日本人それぞれが「一番とうと（貴・尊）い」もしくは「よろし（宜）い」と思うのは何だと考えますか。そこから「共通善」が導き出せるかもしれません。大多数の中国人が一番尊いと思える価値は何でしょうか。誰でもいいから答えてください。

中国人学生：それは難しい質問ですね。最も貴い価値はいろいろあるけれど、今は昔の概念とは少し違います。一九世紀に、「平等」「公平」などの概念が西洋から中国に入りました。でも昔の伝統も残っています。中国では家庭とか人と人のつながり・関係性を大事にしています。

金博士：それを漢語一字で表せますか。

中国人学生：「和」ですかね。

金博士：わたくしが出会った中国人の学者たちは「仁」こそが中国的価値の大本であると言い張っていましたが、あなたの一言で仁と和が貫通したような気がします。すごい。

金博士：今度は日本人が最も尊いと思う価値を一つの漢字で書いて頂けますか。

日本人学生：「命（いのち）」です。
金博士：では韓国人が一番尊いと思う価値は？
韓国人学生：「孝」です。

金博士：素晴らしい！　今ここでわたくしは皆様のお陰で新しい学びをしました。わたくしの考え方だけでは古い。やはり皆様と対話をしないとだめだなと感じました。「和」と「命」と「孝」と答えてくれたのは、三人とも偶然女性です。では、この三つの価値（善）について考えてみましょう。わたくしは集中的にここ一〇年間、もっと伸ばすと二〇年にわたって日本と中国と韓国を往来しながらいろんな大学で講演をしたり授業をしたりして学生たちと対話をしてきました。

中国政府は世界のいろんなところに孔子学院というのを創って中国語と中国の文化伝統を教えています。そこで中国人が世界に提供する一番核心的な価値は「仁」だと言う話を何回も聞きました。しかし北京大学で出会った陳來という中国哲学界の代表的な学者は「仁体和用説」と自称する学説を主張していました。仁が本体でそのはたらきが和であるというのです。仁と和をつなげていたのです。

日本思想・哲学を専門に研究している学者は、日本人が一番尊いと思う価値は「和」だと言っています。実際、「日本」のことを「和国」と呼び、日本の食べ物を「和食」、服を「和服」と言うように、「和」は「日本的」と同じ意味で使われています。これは、日本では「和」がいかに大事に考えられてきたかということの証です。しかし、日本の女子学生は、日本人は「命」を一番尊いと考えていると言いました。

次に韓国から来た女性は、韓国では「孝」だと言いました。「孝」が何よりも大事だというのは大多数の韓国人が共有している共通感覚だと思います。ここでわたくし自身の個人的な意見を言わせていただきます。韓国が世界に出せる価値とは「通」ではないかと思うのです。「疎通」・「相通」・「和通」です。「孝」というのは結局親子の和通ではないかと思うのです。不孝とは親子の不通ではないかと。朴槿恵《パククネ》大統領（大統領在位二〇一三年二月〜）は、韓国で初めての女性大統領です。中国ではものすごく人気が高い。けれど韓国では批判者が多く、その根拠として、彼女は「不通」（通じない）と言って批判しています。韓国の医学書の古典である『東医宝鑑』（李氏朝鮮時代の医書、許浚《ホジュン》著、一六一三年刊行）には「通則不痛、不通則痛」という名文があります。通じれば痛むことが無い。通じなければ痛むということです。肉体的にも精神的にも、そして個人的にも国家的にも不通とは不幸の根本原因であるということです。

日・中・韓がお互いに共通する価値（共通善）があるのか、それは何かという課題に対して、今日わたくしは皆様の答えから可能性が見えました。皆様は利害関係をあまり考えず純粋に率直に自分が考えたことを言われました。これが大事なのです。

学者が注目する中国の「仁」ですが、中国の譚嗣同《たんしどう》（一八六五〜一八九八年）という哲学者は

「仁はすなわち通なり」と言っています。だとすると、中国と韓国とは「仁はすなち通なり」をお互いに共有するのではないかと思われます。

では一番難しい日本と韓国の間はどうなのか。日本には聖徳《しょうとく》太子(五七四～六二二年)という人が、韓国には元暁《ウォニョ》大師(六一七～六八六年)という人がいました。日本の聖徳太子は「十七条憲法」を創りました。これはおそらく世界で最初に創られた成文憲法です。大勢の日本人はこれを誇らしく思っております。十七条憲法の第一条は「和を以て貴しとなす」。最も尊い価値である「和」とはどういうことかというと、「上(かみ)和(やわらぎ)、下(しも)睦(むつ)びて、事を論(あげつら)うに諧(かな)うときは、すなわち事理(じり)自(おのず)から通(つう)ず。何事か成らざらん」とあります。上に立つ人が和をすれば、下にいる人がそれに応える。そうすると物事のことわり(理)が自ずから通じる、というのです。「通」と「和」がぴったり通じています。韓国人がとても尊敬する元暁大師も、「和を以て対話をすればすべての人が通じあえる」(「和諍」「会通」)と、聖徳太子とほとんど同じことを言っております。

次に先ほど出た「命」と「孝」について考えてみましょう。今までの日・中・韓の学者は、わたくしも含めて、いってみれば仁・通・和だけを日・中・韓の共通善だと考えていました。この仁・通・和は、アメリカやヨーロッパでも大事な価値だと言い伝えることが出来るとわたくしは思っています。なんとなればそれらは「命」を生み、育むからです。新しい命が生まれるためには仁・通・和が必要です。仁は通がないと新しい命が生まれないということは中国、日本、韓国の古典のなかでさんざん言われてきました。中国の荘子《そうし》(紀元前三六九～二八六年頃)は、「仁というのは二人の間が通じることだ」と言っています。男性と女性の交わりにはいろんなレベルがありますが、本当に魂と魂が交わる時に限って新しい「命」が生まれます。命が本当の命になるためには仁がないといけないのです。命が光り輝くことを幸福といいます。やはりそのためには両性和睦――「和通」が不可欠なのです。もちろん例外はあります。例えば、二〇世紀の天使と言われたマザー・テレサ。彼女は一生涯未婚でした。だけど彼女自身は世界で一番高いレベルの幸福を味わったと言っています。彼女のような気高い人の場合は「性」ということを超えています。彼女にとって、神様は自分のすべてを捧げる存在です。神様と自分が一体になる境地は和通ですね。それは両性の和通ではなくて神と人の和通です。それが最大の幸福であり、それを人々と分有したいということで一番貧しい人、一番悲しんでいる人、一番苦しんでいる人の側に行ってその人たち(の魂)を助ける(慰める)ことにこそ自分の至福があると言ったのです。

最近の生物学では、男性の精子と女性の卵子が何億分の一の確率で出会って一つになり、そこから命が始まると言っています。卵子の生命力と精子の生命力がお互いに交わって通じるということがなければ新しい命は誕生しないのです。卵子に向かって何十億という数の精子が撒かれ、その中のたった一匹が女性の子宮の中の卵子と交わり、そこから命が始まるわけです。その意味で、わたくしを含め、みなさん一人ひとりがこの世に生まれてきたのは奇跡です。何十億分の一以下のとてもありえない確率で奇跡的に出会って生まれた。だから、私たちの命は尊いのです。これは日・中・韓に共通するというにとどまらず地球全体、宇宙全体に共通する価値であるとわたくしは言いたいのです。新しい命が生まれ、命が生き生きとして光り輝くためには仁・通・和が必要なのです。

韓国の学生からは親孝行の「孝」が出されました。これがまた凄いのです。今まで「親孝行」というと、自分を産んでくれた親の恩に報いるという意味で考えられてきました。だけどわたくしは、そういうレベルの孝もあるけれど、今申しあげたように、我々は奇跡的な出来事としてこの世に生まれたのです。その有り難さに感謝の心をもって生きることが大事であり、それが孝です。

自分を産んでくれた親に対する孝を「小孝」といいます。天地万物の中で何十億分の一の極めて稀な確率で生まれてきた、その有り難きことに感謝する心を「大孝」と言います。大孝は日・中・韓に共通するというより宇宙全体に響き合います。地球的共通善であり宇宙的共通善である、と考える必要があるのではないでしょうか。

当初わたくしは岡山大学から「東アジアの共通善」の話をするように言われました。しかし今日の皆様との対話で、これを遙かに超えた地球的人類的共通善、更にそれをも超えた宇宙的共通善の入り口に至りました。だから「対話」が大事なんですね。特に若い世代と腹を割って対話をすることはとても大事です。わたくしは八二年間生きてきて地球を三回ぐらい回りましたが、それでも考えが足りなかった。そのことに、今日皆さんが言ってくれたことで気づかせていただきました。

## 三　ポーランド体験とヨーロッパ的価値

大勢の人が「ヨーロッパがアジアを侵略した」と思っています。わたくしもそう思ってきました。だから若い頃のわたくしは、「あなたたちはアジアを侵略したではないか」と、いつも西洋人に食い掛かりました。西洋の学者からは、「ちょっと困ったやつだ。うるさいなあ」と言われ、アメリカで大学を四カ所も替えました。仲が悪くなったからです。だけど、一九八六年だったと思いますが、ポーランドという国に行った時、わたくしは大きなショックを受けました。その話を少しさせていただきます。ポーランドのルブリン大学で出会った若いポーランドの学者がわたくしにこう言いました。

「ポーランドという国は外国の侵略をいっぱい受けた。その中でもポーランドに多大な破壊と悲劇をもたらした侵略が三回あった。それは全部、アジアからの侵略だった」。わたくしは耳を疑いました。アジアがヨーロッパを侵略した？　わたしは「それはどういうことですか？」と訊きました。

第一回目のアジアによるヨーロッパの侵略は、モンゴル帝国の侵略です。そう言われてみると、世界歴史でモンゴル帝国のことは教わりました。チンギス・カンのモンゴル帝国は、今のヨーロッパのほとんどを制圧していったのです。ヨーロッパに伝わる伝説や民話によると、その凄まじさと残忍無道たることは言葉で言い切れないくらいだった。我々はそれにはあまり関心を持たなかった。だけど、ポーランド人にとっては忘れられない過去の歴史的事実なのです。

二回目はオスマントルコ帝国です。オスマントルコは一時、ポーランドを全部占領して無残な殺し方をしたわけです。オスマントルコというのは、日本や韓国や中国からすれば今の中近東の方の国です。しかしポーランドから見ると「アジア」なのです。実際トルコに行ってみるとイスタンブールというトルコの首都があり、そこに大河が流れています。その川に日本人がＯＤＡで造った壮大な橋があります。この橋をトルコでは「ジャパニーズブリッジ」と呼んでいます。その橋の真ん中に立って眺める沈みつつある太陽は世界で一番美しい景観の一つです。なんともいえない感動的な景色なのです。その橋を境にして、東がアジア、西がヨーロッパになります。イスタンブールの真ん中でヨーロッパとアジアが分かれるのですが、ポーランド人にとって、オスマントルコによるポーランド侵略は紛れもない、「アジア」がヨーロッパを侵略したことになるのです。

三回目はソヴィエト・ロシア（ソ連）です。ソ連がポーランドを侵略したときも言葉で言い切れない無残なことをやりました。我々からすれば、ソ連が「アジア」とは考えにくいですね。しかし、ソ連は地理的にヨーロッパにもアジアにもつながっています。ポーランド人にとって、ソヴィエト・ロシアというのはオスマントルコの場合と同様「ヨーロッパ的ではない」と考えられています。ヨーロッパでないのは「アジア的」だという見方なのです。

ポーランドの友人は「我々ポーランド人はこの三回のアジアの侵略を憎む」と言いました。「アジアがヨーロッパに侵略された」とばかり考えていたわたくしの考え方はあまりにも一方的でした。アジアがヨーロッパを侵略した事実があるなどとは想像もしていなかったわたくしにはショックでした。そのときからわたくしは「アジア的なアイデンティティ」と「ヨーロッパ的なアイデンティティ」ということを考えるようになったのです。

ポーランドの学者は言いました。「ポーランドが三回も侵略されてもなお生き残ったのは、ひたすら〝ヨーロッパ的アイデンティティ〟を守るためだった」と。ああそうか。ヨーロッパ的アイデンティティというのがあるんだ。でも、……わたくしは少しいたずらっぽく質問してみました。

「そしたらドイツはどうなんですか。ドイツもポーランドを占領してひどいことをやったのではないですか」。彼は笑いながら、「ドイツはアジアを真似してヨーロッパを侵略したのです」と答えました。「ドイツがポーランドを侵略したのは、ドイツがヒットラーの下でヨーロッパ的アイデンティティを失ってアジア的アイデンティティを真似したからだ」と言うのです。ここでわたくしにひらめいた文字があります。それは「倣亜侵欧」です。アジアを真似してヨーロッパを侵略した、と。今もドイツが強くなり過ぎて、またヨーロッパを侵略するのではないかという不安感が最近出ています。例えばフランス人のエマニュエル・トッドという人が今朝の日本経済新聞（二〇一五年八月一〇日付）のフロントページに書いています。ドイツはヨーロッパにあって、ある時は最もヨーロッパ的である。しかし、ある時は全く非ヨーロッパ的なところがある。ドイツが非ヨーロッパ的になる時にヨーロッパは苦しむ。

ポーランド体験は、わたくしの世界を見る目を全く変えました。その時、もう一つわたくしの頭の中で光ったのは、「では日本はどうなのか」でした。わたくしは二五年間も日本に住んでいます。東京大学をはじめとする学者や後に政治家になった人たちとも幅広く対話をしてきました。北は北海道から南は沖縄まで、いろんな大学で学生とも対話をしてきました。その結果、よくわかったことがあります。それは、日本人が日本をどう思うかはともかくとして、日本は、良き意味でのアジア的アイデンティティ（仁・通・和などの価値観）を忠実に守るときは最も光り輝きます。だけど、日本がアジア的アイデンティティをないがしろにして非アジア的な考え方をもつ時がある。その時の日本は間違いなくアジアを苦しめアジアに災いをもたらしてきた。これが歴史的事実なのです。

近代日本の福沢諭吉は「脱亜入欧」と言って、アジアを脱してヨーロッパに入る文明開化を志向しました。アジアを無視して、韓国や中国には価値がないのでヨーロッパをまねるべきだ、と言ったのです。これは日本中心的な考え方です。そのような日本は「倣欧侵亜」と言えます。これはわたくしが造った言葉です。ポーランド人の考えでは、ドイツは「アジア」を真似してヨーロッパを侵略した。これがドイツですね。(真似をするという意味で)ドイツと日本はかなり似ているところがあります。

ドイツ人は、「ドイツにヒットラーという怪物が出てきてドイツを間違った道に導いたけれど、それはドイツ的なものではなかった」と反省し、第二次大戦後は戦争責任者を糾弾して見事に立ち直りました。日本はどうでしょうか。「もともとそれが日本だ」という言い方をする人が結構いるのです。ここが、ドイツと日本は似ているけれどかなり違うところだと思います。

ここで角度を変えて「東アジア的アイデンティティ」とは何か、「ヨーロッパ的アイデンティティ」とは何かということを考えてみましょう。ヨーロッパ的アイデンティティとは何かという問いはとりもなおさず、ポーランド人をして「アジア」からの三回の侵略を勝ち越えて生き残らせたゆえんのものは何なのか、という話になるのです。三回もさんざん破壊され殺戮されたにもかかわらずポーランドはそのつど蘇生して今に残っています。それは、ポーランド人がヨーロッパ的アイデンティティを守り通したからだ、とポーランドの学者がわたくしに言いました。普通のヨーロッパ人はまだそこまでは言っておりません。ただ頭で分かっているだけです。身をもって「アジア」の侵略を体験し、魂をかけて「ヨーロッパ的アイデンティティ」を守ったという面で、ポーランド人はヨーロッパのほかのどの国よりも一番それを深く体得しているとわたくしには思えました。

## 四　人格と個人、個体生命と宇宙生命

ではヨーロッパ的アイデンティティとは何でしょうか。それは「人格」です。一方、彼らが言う「アジア」的なるものとは何でしょうか。それは「全体」です。「全体」という名の下に、一人ひとりの人格を踏みにじり、圧殺したというのがアジア的侵略の正体というわけです。このアジア的なる傾向は、日本も韓国も中国も自らを省みる必要があります。日本にも中国にも韓国にも、「全体が人間一人ひとりよりも重要だ」という考え方が、どこかにあります。その時の「人」は「人格」ではなくて「個人」です。全体は個人より尊い、という話になっているのです。

この三国では、「個人」と「人格」の区別が未だについていません。ほとんど同じ意味で使っています。その違いこそがヨーロッパ的アイデンティティの凄いところなのです。「人格」というのは、例えばここに集まっている、わたくしも含めて、みなさま一人ひとりの人間には表に見える差異（性・国籍等々）があります。それにもかかわらず、一番奥深いところに、絶対に侵してはならない神聖不可侵な神の働きが臨在している。これを認めるか、認めないかなのです。

「個人」は、「市民」「国民」などいろんな言い方をしますが、これは結局「国家の構成員の一人」という意味なのです。自分たちが造った国家は個人よりも重要で、国家の構成員である人間は国家のために存在するという意味しかありません。アジアの「個人」は、ヨーロッパの「人格」とは全

く違う意味なのです。

「人格」は、「わたくし一人」「あなた一人」が「全体」です。「人格」は、どのような目的や大義名分のためにも、絶対に手段にしてはならない。人格は目的それ自体として存在しているのです。なぜか。その奥深いところに神聖なる神が臨在しているからです。神が神聖不可侵であるように、人ひとりが神聖不可侵な人格であるという考え方。それが東アジアにはほとんどありません。東アジアだけではなく、アジア全部をひっくるめて欠如しているのではないかとわたくしは思われるのです。

我々は「人権」とか「人間の尊厳性」という言葉は使っています。しかし、その深い意味がどこまで分かっているでしょうか。ここはやはり反省しなければなりません。子供をないがしろにする親の話を聞くと心が痛いのです。わたくしには孫がいます。孫の命はこれからどんどん強くなっていきます。わたくしの残りの命は少なくなっています。わたくしの命は個体生命です。孫の命も、孫という個体の生命です。個体生命はいつかは死ぬのです。だけど、孫とわたくしの個体生命を支えているもっと大きな生命があります。それは宇宙生命です。宇宙生命は永遠に死にません。これは永遠に生き続けて「死ぬ」ということがないのです。我々は死んだらどうなるのかというと宇宙生命に帰るだけです。

他国で勉強している留学生はいずれは故国に帰ります。人によっては違うこともあるでしょうが留学生の多くは故国に帰るとホッとします。安心するのです。個体生命が終わって宇宙生命に帰るのもそのようなものなのです。いわばふるさとに帰るだけです。なぜそれが悲しいのか。むしろ死は安らかなことではないか。わたくしは最近そのように思い始めています。

個体生命として生まれたことに感謝しながら、個体生命として生きている間はできるだけ意味のある生命活動をすることを志し、いずれ神様が呼べば「はい、では戻ります」と帰るところが宇宙生命です。このつながりに目覚めていないと、せっかくの命が小さい命で終わってしまいます。だけど宇宙生命につながっていることに目覚めたら、我々一人ひとりの命は活き活きとするし、光り輝きます。

死は絶望的な悲しみではなくて無限大の喜びの源なのだと考えれば、二〇一一年の三・一一で亡くなられた東日本大震災の死者と生者は、もう少し大きな次元でお互いに慰め合えるのではないでしょうか。二〇一四年四月一六日に韓国で大型の旅客船セウォル号が転覆、沈没した事故で亡くなった若い学生たちを悔やむ心も、彼らの命が宇宙生命として働くという、大切な役割を果たすために我々より先に行っただけなのだと思えるかもしれません。わたくしたちも帰る宇宙生命というふるさとで会いましょう、という考え方になれるのです。これこそが最高の共通善ではないかとわたくしは思うのです。

かけがえのない宇宙生命の働きが、すべての人の一番深いところで顕現している。それは何をもってしても侵すことのできない絶対価値であり聖なるものである。そういう貴重な価値を、我々一人ひとりが持っているのです。これを無視したり軽蔑するのはとんでもない話であって、国家といえどもそれを侵してはいけない。そこに生まれる「人権」とか「人間の尊厳性」の思想がアジアには足りなかったという反省をしたいものです。わたくしにとってポーランド体験は歴史の見方ばかりか人間を見る考え方も変えました。我々は一方だけから見ては真実を捉えられない。必ず、もう一方から見る目を持たない限り、偏った考え方になってしまいます。それが人間に不幸をもたらす原因になります。

　今日はおかげさまで「(宇宙)生命」という「共通善」を考えるきっかけをいただきました。「大孝」という宇宙的な感謝の心を持つべきだということに目覚めることができました。みなさまからとても大きな気づきをいただいたことに、わたくしは真心からの感謝をあらわします。皆様とお会いして本当に良かった。ありがとうございます。(拍手)

# 第三章　東アジアの社会と共通善

邊《ピョン》　英《ヨン》　浩《ホ》

## 一　はじめに

人間にとって共通の善であり、最高の善でもあるのは幸せである。幸せは、名詞（Happiness）ではなく、動詞・状態（Well Being）である。宝くじが当たったというような幸運（Luck）でもない。幸せはやりたい仕事ができるかどうか、生き甲斐を仕事で感じられるかどうかが大きく関係している。共通善を具体的にみるため、まず現代東アジア各国の仕事のありかたからみていこう。

## 二　現代東アジアの職業・就業事情

### 1　日本の就職・就業事情

大学生や若者に切実で身近な話から始めたい。日本の大学ではありふれた光景として三年生終わり頃から四年生にかけて就職活動を行う。ほぼ全員が就職用の黒い服で正装し、みなりを整えてかけまわる。そのなかで奇異に感じられることがある。やたらと「新卒《しんそつ》」「新卒一括採用」「既卒《きそつ》」という言葉が強調されるのである。

新卒とは、大学や専門学校、高校などを今年度中に卒業する学生を表す「新規卒業」、「新規卒業者」の略語である。日本企業は四月の一括採用が前提だったため、卒業直後の学生を四月一日およびその前後に合わせて正社員として雇用するケースが多く、その場合は概ね前年の在学時一〇月頃までには内定を出している場合が多い。この新卒一括採用制度のために、学生たちは黒い服で正装して走り回っているわけである。この新卒一括採用は、明治期に下級ホワイトカラーの採用から始まり、第二次世界大戦後の復興期に人手不足のため大企業が高卒者を大量に採用したことから確立され、二一世紀現在の日本では一般的な雇用慣行・制度である。企業では「定期採用」とも呼ばれる。

逆に一旦卒業した学生は「既卒」扱いとなり、就職活動において不利になる。そもそも採用募集段階で既卒者は採用対象からはずされている場合が多い。最近は時代の変化のなかで、企業によっては、学校を卒業してから二～三年のうちは、既卒者扱いとはせずに新卒者扱いされる場合もあるようであるが、これは近年のことであり、依然として新卒が特別なプレミアム価値を持っている状況に変化はない。またできれば四年制大学では四年で卒業することがのぞましく思われている雰囲気があり、学生は留年した場合就職活動にどう影響するかを非常に気にしている。そのため学生は留学を考えるときも、留学に行ってきても四年間で卒業できますか、と不安な顔をし、留学に消極的になる。

新卒一括採用制とセットになっているのが終身雇用制度であり、これもほぼ同時期に定着している。一九五〇年代、六〇年代の好景気のなかで、多くの企業の関心は労働力不足にあり、この時期に、特に大企業において長期雇用の慣習が一般化し、戦前まではあくまで慣行であった終身雇用が制度として人々の間に定着した。

こうして現代日本では大学卒業の年に、プレミアム価値のある新卒ブランドを生かして就職し、定年退職まで終身雇用を保証されるという慣習が制度として定着したのである。逆に途中退職して転職するということはあまり見られなかった。近年、不景気が続く中で、転職者が増えてきたとはいえ、様々な制約があり、転職は活発とはいえない。まず退職金は三年未満勤務では受給できないとする「就業規定」が普通であるし、さらに退職金には、「自己都合退職」と「定年退職」の区分があるが、自己都合退職の場合、同じ年数勤務しても定年退職に比べてかなり減額される。そのため、勤務先に対して不平、不満があっても、退職金のことを考えて退職、転職には踏み切れないことも多い。また制度ではないが、三年未満で退職、転職を繰り返す者に対して、企業の採用面接官は、「この者は忍耐力に欠け、職業適性に問題がある」とみなす傾向がある。このような制度的障害、社会的雰囲気が転職を阻んでいるといってよい。初めに入った会社に終生仕えることを肯定的にみる価値観と、その会社を離れる退職、転職に対して否定的にみる価値観が社会を支配しているといってよかろう。だが日本にいると当然と思われるこれらのことは、近隣国をみてみると全く事情が異なっている。

## 2　韓国・中国の就職・就業事情

最近の韓国での若者の就職難、増大する低賃金かつ不安定なワーキングプアの産物を表現するために様々な造語が生み出されている。二〇一〇年代以降の「恋愛」・「結婚」・「出産」を諦めている若者世代を「三放世代」といっていたが、すぐに「七放世代」という言葉が取って代わった。青年層の失業率は際立って高くなり、学生は大学を卒業したあと何年も就職活動を継続せざるをえず、職につけない若者たちは経済的に困窮していき「恋愛」「結婚」「出産」に加えて、「マイホーム」「人間関係」「夢」「就職」の七つを諦めざるを得なくなる世代という。極めつけは二〇一五年から流行している「ヘル朝鮮《チョソン》」である。英語で地獄を意味する「ヘル（Hell）」と朝鮮（李氏朝鮮王朝を意味する朝鮮の韓国語発音がチョソン）を組み合わせた造語で、韓国の若者たちが韓国社会の生きづらさを「地獄のような朝鮮」と自嘲して表現したものである。

ただ日本でも若者の低賃金かつ不安定なワーキングプアは増加している。非正規職の増大と実質賃金の低下のため、恋愛、結婚、出産ができず、マイホームが買えないと叫ばれるのは程度の差はあれ、韓国と同様である。だが韓国と日本とでは大学卒業時期に同じように就職活動を始めるが、大きな違いがある。なによりも、日本では新卒一括採用制度があるのに対して、韓国ではこの慣行、制度がなく、既卒であるから新卒に対して不利になるということはなく、逆の場合もよくある。

「韓国の企業は日本と違い、新卒一括採用にこだわりがあるわけではないため、就職に時間をかけることが採用の段階で不利になることはありません。ですから就職活動が長期化してしまいます。

企業も自前で人材を育てるより、資格や経験の上で即戦力になる人材を採用する傾向があるため、大学卒業後すぐの就職は不利という見方さえあります」という。既卒が不利にならない韓国での若者の就職活動は卒業も長期化する傾向が強い。韓国の就活事情は学歴の他に、「スペック」が重要視される。「スペック」とは学歴とは異なる実践的な技能を証明するための「実績」で、就活生は資格やボランティア活動、語学試験のスコアなどのスペックを競うように集めていく。卒業後もスペックを高める努力は続けられる。[1]

また韓国人学生は中小企業を避ける傾向が強いのに対して、日本人学生はやむをえなければ中小企業にもためらわずに就職していく傾向が強い。これはよく韓国人は上昇指向が強いためであると指摘されることであるが、制度の影響も大きいことがわかる。つまり日本では新卒ブランドを失い、既卒になるや就職が大変困難になるとの恐怖心にかられ、内定をだしてもらったところが中小企業しかなくともやむをえず就職するのである。既卒にとってはヘル・ジャパンなのである。ところが韓国では新卒ブランドがないというより、大企業では逆に不利にはたらくことさえあるため、自然と大企業を狙って、何年もスペックを高めながら就職活動を続けることとなる。こうして日本の場合、新卒の就職状況自体は高い数字がでてくるのに対して、韓国では新卒の就職率は相対的に低くならざるをえないのである。

こうして韓国では新卒一括採用制度もなく、また一度就職してもより望ましい仕事へのキャリアアップを考えるため、転職が盛んであり、終身雇用制度もない。一九九八年のＩＭＦ危機の際に、緊急ドル融資を受けたが、より解雇がしやすい制度への改革受け入れを条件とされたため、むしろ雇用の維持は以前よりも厳しくなっている。退職金に自己都合退職と定年退職の区分も一般的にはない。こうして転職を阻む制度や社会的雰囲気がほとんどないといってよい。

中国の就職事情も韓国と似たところが多い。新卒者の「就職活動は特に厳しかった。景気後退のあおり受け、卒業を控えた今年五月には、大学新卒生の就職率は上海で四五％、北京で三〇％を下回ったという話も報じられたほどだ」（二〇一二年）という。(2) もっと端的にいえば「新卒だからこそ、就職が難しい」のである。「二〇一五年の卒業見込み生は前年比二二万人増の七四九万人となり、人数は過去最高を記録するようだ。しかし企業側はこれら学生に対する興味は薄い。『仕事の経験がないこと』が最大の原因だ。中国メディアの取材によると、企業担当者の九〇％が『仕事の経験のある学生が欲しい』と回答している。中国の就職活動では、日本の第二新卒に当たる就労三年未満の若者のほうが新卒より有利だ。短期とはいえ業務経験があり、即戦力として使えると考えられるからだ。企業にとって『卒業見込み』であるか『既卒』であるかは関係ない。業務を遂行できるスキルがあるかどうかがモノサシとなる。したがって仕事の経験がない新卒の職探しは難しい。……スキルがなければ雇ってもらえない。したがって社会経験のない学生たちは少しでも自身の技能を身に着けようと、必死だ。……語学やコンピュータの資格などを取得しようと日夜勉学に励む。そして、学校の長期休暇の際には、これらを応用し、新たなことを学ぶため、インターンシップを試みる」(3)。ヘル・チャイナとでもいうべき状況にあることがわかる。

また転職もある調査で「七割が卒業から五年以内に二回転職」（二〇一二年の記事）という具合に盛んである。(4) こうしてみると韓国・中国は日本と就職、就業事情は全く異なるといってよいようである。なぜこのような相違が生まれ、それは何を意味しているのであろうか。

## 三　日本社会――和と同

### １　和と同

日本では和を好み、不和を嫌うとよく言われる。職場においても同様である。ただし一般の日本人は和について大きな誤解をしていることが多い。

「君子は和《わ》して同《どう》じない。小人は同じて和しない」(「君子和而不同、小人同而不和」『論語』子路篇)という。これは、「学徳の備わった君子は、互いの違いを認め合って調和することができるが、軽々しく付和雷同はしない。私利私欲に捉われた小人は、表面的には相手に同調するが、相手との違いを認め合って調和することはない」という意味である。また「和が実《みの》れば物を生じる、同であれば継《つづ》かない」(「和実生物、同則不継」)という。同じ物どうしであれば新しいものは生まれず、異なるものどうしがであってこそ物が生まれる、これが和なのである。具体的にあげられる例は、⑴音楽、⑵料理、⑶男女の間である。音楽は同じ音だけでは音楽にならない、例えばドドドドでは音楽にならず、ドシファソラ……などとなってこそ、個々の音とは異なる新しい音楽が生まれる。料理は同じ素材、例えばほうれん草ばかりでは料理にならず、ほうれん草、もやし、卵、ご飯、ごま油などが個々にあるだけでも不十分であり、それらが混ざり合ってこそ、個々の素材とは異なる別個の味の料理が生まれる。そして男女の間でこそ新しい生命は生まれる。(5) 古典にでてくる和と同は多くは矛盾する関係にある。

では現代日本社会で和を尊ぶというとき、この古典にでてくる意味での和であろうか。ある会社で平社員から社長などを含めて会議が開かれたとしよう。社長があれこれ話をし、司会者が「皆さん、自由に発言してください」といった時、ほとんどの場合、若い部下からの発言はあまりでてこない。時折、（場の）空気を読めない若者が発言したとすると、どうなるか。経験則に照らしていえば、彼は机の下に隠れている足をそばにいる上司から蹴られたり、翌月から給料が減らされたり、望まない部署へ配置転換されたりと、和を乱した者として制裁が加えられるのが一般的である。こうして和を乱す者を教育しなおしたり、追放したりし、組織の和を回復させることに社長、上司たちは努める。日本の企業などでは、個人は組織内の立場があり、その立場を逸脱した言動には和を乱したとして制裁が加えられるのである⑥。

日本の企業では、会議とは個々人が議論しあう場ではなく、社長、上司からの命令の伝達の場でしかない場合が多い。相互の意思疎通があり、議論の結果、新しい考えが生まれてくるような和ではない。同であり、相互に通じない不通である。社長、上司の言葉があるのみで、この言葉は議論ではなく命令であり、相互対話（インター・コミュニケーション：Inter Communication）は不在である。日本では往々にして和といいながら、同になっていることが多い。社長などからすれば、社員と議論する気はなく、命令にしたがってくれるほうが楽であるから、当然といえる対応である。

組織で不和をおこす者とみなされた人間には二つの選択肢しかない。一つは、反省し不和をおこさない付和雷同人間へと変わっていくか、もう一つは転職するかである。だが日本社会には転職に対して否定的な社会的雰囲気、制度ががっちりと組み込まれている。こうしてほとんどの人間は会社の家畜（社畜）といわれようと保身に走ることとなる。個性にあふれ生気溌剌とした若者が、それから一〇〜二〇年後にはみな同じように没個性化し、生気を失っていくのである。和が同に変容する理由は、新卒一括採用制、終身雇用制、転職が困難な社会制度・雰囲気にあることは明らかである。

## 2　和が同化する背景

それでは日本でなぜ、新卒一括採用、終身雇用制が定着したのであろうか？　企業としては優秀な能力のある人間を採用したほうが戦力になると思われるし、韓国・中国ではそうであった。

この理由として、文化的理由があげられる可能性がある。それは年齢、先輩後輩の上下の序列などである。同じ職場に同時期に同じ年齢の者たちが入社し、年長者である上司の指示のもとで働くのであればよいが、新入社員の部下が上司よりも年齢が上であるというような場面を想定すると、確かにぎこちなさが想像される。

現代中国語では敬語もあまりなく、先輩、後輩という言葉もない。大学生の場合、上級生が発言すると下級生たちは従い、その場が収まる、というようなこともない。そのため、日本と中国だけをみれば、説得力がある説明にもみえるかもしれない。しかし韓国では年齢が重視され、先輩、後輩という言葉もあり、先輩が発言すればその場は収まるし、敬語は日本以上に豊富で厳格である。これらの点では日本と類似しているが、しかし新卒一括採用制も終身雇用制度もないのである。こうしてみると日本での新卒一括採用制や転職への否定的な社会的雰囲気は別の要因によるとみなければならないであろう。果たしてそれは何であろうか。

日本の伝統のなかに二つの理由をさがし求めることができるようである。一つは科挙の不在と家職である。日本では一七世紀までに全階層で家職が成立した。[7] 韓国・中国では科挙制度があり、最上位階層である士への身分上昇にエネルギーを注いだが、江戸時代の日本では原則として士農工商の身分がまずあり、科挙制度がないため身分の上昇は認められておらず、出生時点で身分ごとに職業が決められており、その中でも代々継承してきた家職に固定される。こういう状況では与えられた職業、家職にエネルギーを注ぐほかない。例えば豆腐屋に生まれれば、日本一の豆腐をつくろうといった具合に夢も固定されるのである。この家職への固定が「職人精神」を生みだし、近年韓国・中国に対する日本の「ものづくりの伝統」として賛美されることもある。ただこうして日本民族の優秀性とされかねない職人精神であるが、現代日本の優秀な工業製品を支える大田区の中小零細企業の職人たちは高給をもらっているわけではないし、若者が就職したい職業でもない。賛美する者たちもこういう中小零細企業で働こうという気持ちがあるわけでもなさそうである。

もう一つは村落共同体、地縁共同体の伝統である。鎌倉時代から村落民たちが経営主体として成立し、生産活動の補完のための村落共同体を形成してきたが、豊臣秀吉（一五三七?～一五九八年）の検地・刀狩りを経て、武士と農民とが分離し、江戸時代に農民だけの村落共同体が完成した。江戸時代は、農民は土地に緊縛され移動の自由がなかった。明治時代以降に土地への緊縛がなくなったものの、この村落共同体が解体するのは実に一九四七～五〇年の農地改革によってである。だが農地改革以後も地縁的つながりをもとめる社会的雰囲気は容易にはなくならない。一九五〇～六〇年代の高度経済成長期に日本では農村から都市への大量の人口移動がおこるが、都市へ流入してきた人々は農村でのような濃厚な人間関係を求めた。移動の自由があるにもかかわらず、土地や職場（場所）への定着指向が強いのである。高度経済成長時期の大企業はゆとりがあり、能力第一主義よりも家族主義的な経営を行い、労働組合も職能ごとの全国組織である職能別労働組合はさほどみあたらず、企業内労働組合が主流となったのである。企業が擬制的な村落に化し、ムラ的な人間関係が続いた、あるいは都市内でムラ化がおこったと表現してよかろう。その結果、会社という閉鎖的な場（所）のなかに人々は組み込まれていったのである。ここからの離脱、転職には大きなリスクが伴う。こうして人々は成立する場（所）の中に閉じこめられ、転職ができない以上、この場（所）で権力を持つ者との対立は極力避けねばならない。前近代日本では、権威である天皇と権力を持つ者とが分裂し、相対的に中央権力は弱く、江戸時代では藩などの地域権力は高い独立性を有していた。明治時代以降の近代化過程で中央集権化がすすめられたが、依然として地域内でのムラ化は根強く、場（所）の論理が根強い。その中で職人的精神が存続している。

## 四　韓国・中国の社会

それでは韓国・中国は日本とどのように違っているのであろう。まず科挙試験があり科挙を通じての社会的上昇がありえたため、原則的に身分間移動がなかった日本のように固定された家職に専念する必要はなかった。あったとすれば韓国では士（ソンビ）、中国では士大夫のみは読書を家職としていたといえるが。社会関係のあり方を血縁団体、地縁団体、契の順序でみていこう。

## 1　血縁団体

韓国も中国もなんといっても日本では見られない規模の大きな血縁団体があり、重要な役割を担っている。中国では宗族《そうぞく》とよばれ、同じ姓の王、李、張などが同じ一族であると考える。現在中国では王と李は九〇〇〇万人以上もいるほどである。宗族は古代において劣性遺伝をもたらしやすい近親婚を排除するために、同一宗族内部での婚姻を禁止するために発生し、姓が同じであれば結婚することはできなかった。宗族は衰退した後、一七世紀以降に再び社会的原因から大きな組織に発達してきた(8)。南部では特に発達し、複数の村が全部李ということもあった。現在使われている姓は四七〇〇余りであり、そのほとんどが一字姓である。一七世紀以降に発達した宗族は古代にあった近親婚排除の組織とは異なるが、同姓同士の結婚は忌避され、以後現代に至るまで続く。今はそのタブーはなくなったが、一般には同姓同士の結婚は好まれない。現代の都市部では宗族は弱体化しつつある(9)。

韓国では本来複数漢字で表記される独自の姓氏があったが、中国から一字姓が外交上、文化上の理由で流入してくるに従い広がってきた。金、李、国字姓の朴などが多い。ただ金氏であっても金海や慶州などの地域を先祖発祥の土地（本貫という）と考えるため、それぞれ金海金氏、慶州金氏と称し、お互いに血縁関係はない。韓国では姓と本貫が一致する同姓同本が一族となる。一七世紀半ば頃から宗族が大規模に発達し、現在韓国では姓氏は約二五〇である。だが、本貫まで一致する同姓同本の一族となると、これに数十倍はするであろうが、中国の宗族と比較すれば一宗族の規模は小さくなろう。この日本にはない宗族は地縁を超えて活発に活動している。

## ２　地縁団体

現代韓国には三層の地縁団体がある。一つは村落共同体である。一六世紀頃には一旦村落共同体が成立していたことが確認されるが、その後一八世紀以降に村落共同体を超えた宗族や後述する契などが発達し、村落共同体は隠れていくようである(10)。ただ近代でもある程度の村落共同体が明確に見いだされるが、日本と対比すれば大変弱い。二つめは李氏朝鮮王朝時代（一三九二〜一九一〇年）に全国の八道《どう》の下位行政組織であった郡・県などである。これは地方官が派遣される末端行政単位であり、これを超える人間の移動はあまりなく、一つのまとまりのある単位となっていた。これが現代も郡として存在しつづけ、国会議員の小選挙区単位となることが多い（韓国は一院制で、日本の衆議院同様に小選挙区比例代表並立制）。三つめは一九七〇年代に発生した慶尚道と全羅道の対立である。ソウルにでてきた人が、お互いに同じ村、郡出身、全羅道出身同士とわかると急に親密な関係になることができるのである。

中国では、村落共同体は一二世紀頃から未熟ながら成立しはじめていたが(11)、超村落的な宗族が発達することにより、隠されていったようで、近代では韓国以上に村落共同体は陰が薄い。現代中国では、例えば湖南省などの省単位で地縁が意識されるのみである。湖南省にいるうちは地縁を意識しないが、上海、北京にいくと湖南省人同士で親密な関係を築くことになる。ただ地縁に近いものとして共産党政権下でつくられた都市部の職場である「単位」という組織があるが、ここでは福利厚生が大変充実していた。ただし、市場経済化、国有企業の民営化などの流れの中で単位は弱体化しつつある。現在共産党政権下で都市に居住する人々に「社区」という地縁共同体を上から作ろうとしているが、求心力は今のところあまりないようである(12)。

## 3 契

中国には見られないようであるが、日本にはかつて民間自生の金融組織である頼母子講があった。ノーベル平和賞を受賞したバングラディッシュのグラミン銀行が行っているマイクロファイナンスのようなものである(13)。頼母子講がノーベル賞のある時代にあれば受賞した可能性もある。韓国では古くからこのような自発的な契機に基づく契という組織がたいへん発達していた。特に一八世紀以降に頼母子（金融）契、水利契、山林契など以外にも様々な契が生まれてきた。近現代では学校制度の普及に伴い学縁といわれるものも力を持ってきたが、これも契の一つである。日本・中国では小学校~高校の同窓会はほぼないが、韓国では小学校から大学に至るまで同窓会が活発に開かれており、契の機能を果たしている。キリスト教会に人が集まるのも契の一つである。またインターネット時代ではネット上にカフェ（CAFE）というコーナーが設置され、同好の人々が活発に集まっているが、これも契が形を変えつつ根強く生き続けていると見ることができる。韓国は血縁、地縁重視の社会から契約的な契機の強い契の現代的形態が一層重要となっているし、今後もこの傾向は強まっていくであろう。なぜ韓国でこのような契が発達したのかを解明する研究はまだ十分ではないが、血縁団体は中国に比して相対的に規模が小さく、地縁団体は日本のように明確ではない。こうしてみると社会生活の活動範囲が広がるにつれ、カバーできない人間関係が多々でてくる。それを埋めるために発達してきたのかもしれない。

ここまでの話を整理しよう。日本のような明確に閉鎖的な地縁空間を韓国も中国も持たず、その代わりに特定の地縁を超えた血縁団体が発達した点は共通している。そのため、地縁的に閉鎖的な空間の中に閉じこめられて活動するという歴史的経験をあまり持たなかったのである。これが就職・転職活動における相違となっているのではないかと思われる。

## 五　韓国と中国との違い

韓国と中国の相違についても整理しておこう。韓国・中国ともに地縁を超えた人間関係をつくり、地縁を超えたときには、まず血縁関係に依拠するのは共通している。だが共通点はここまでである。地縁でいえば韓国のほうが日本ほどではないが、村単位、郡単位、全羅道単位で人間関係をつくることができるのに対して、中国では省内部では何の地縁団体も存在しないようである。また現代の中国の都市部では宗族も弱体化しつつあり、ほかの組織は「単位」「社区」を除けば存在の陰が薄い。何らかの社会組織が微弱であり、敬語もあまりなく、先輩後輩の秩序もない。そのためきわめて個人主義的にみえる。

韓国も日本からみればかなり個人主義的にみえるが、しかしこの個人は都市部では、宗族は弱体化しつつあるが、地縁、そしてなによりも契の現代版というべき同窓会、キリスト教会などの各種宗教組織、ＮＧＯなどの市民団体に関わりを持ち、活発に活動している。個人と国家の間に中間団体が多く出現してくることにより、個人は中間団体を通じて権力に対して強い抵抗力を持ちえるようになってきている。逆にいえばこのような中間団体は国家権力側からみれば脅威となるため、早期に芽をつみとっておきたいであろう。

和になるためには通じ合うことが必要であり、不通であれば和は同に変容する。韓国人も中国人も、一般的に和と同は異なると認識しており、日本よりは通じ、同となりにくい社会である。韓国と中国の相違は中間団体的なものが活発な存在としてあるか、いなかであったが、これは国家権力との関係をみることでより一層理解できるようになる。そのため韓国と中国の権力構造の相違と関連させてみる必要がある。

両国はともに日本と比較すれば中央集権的な官僚制国家としてあった時期が長い。だが中国は秦〈紀元前七七八～紀元前二〇六年〉が早期に中央集権国家を樹立して以後、特に宋代〈九六〇～一二七九年〉以降は、君主権力が高級官僚をほぼ全員科挙官僚とすることにより大貴族たちを没落させ、強度の高い中央集権国家となった。こうして権力は専制化し、上下〈官僚と民、君主と民〉は通じないと嘆かれることとなる。現代中国においてもそれは類似の状況にある。

韓国では統一権力は、三国鼎立〈新羅〈三五六～九三五年〉・百済〈三四六～六六〇年〉・高句麗〈紀元前三七～六六八年〉〉の時期以降でいえば、新羅が六六八年に三国を統一したが、やがて衰退し、後三国時代となった。その後をうけた高麗王朝（九一八〜一二七四年）は全国の半分ほどしか地方官を派遣できない弱い統一権力であった。朝鮮王朝に至り全国に地方官を派遣できるようになるも、やがて王朝は三つの地域ぐらいに潜在的に分裂し、権力闘争を継続することになる。朝鮮王朝では、臣下たちの力が強く、人事権などをめぐって王権に対抗していた。特に国王たちに諫言を行う言論官庁が三つも存在し、その言論官から国王も弾劾を受け、時には儒教を学ぶ成均館の儒生たちが王に諫言するため座り込みを行ったりしていた。また官僚ではない地方の儒教的知識人たちが連名で中央政治を批判する上疏文を上げたり（万言上疏）、英明な君主の時期には一般の民が王宮前の太鼓をたたき無実を訴えることが制度化されるということもあった。こうして歴代王権のなかでは完成度の高かった朝鮮王朝でさえ、国王は臣下たち、言論官、儒生、民との疎通をせざるをえなかったのである。民本主義と仁政の名において。通じれば仁であり、和であった。現代韓国は分断国家ゆえの南北対立で求心力を必要とし、帝王的大統領制度というほど大統領にほとんどの権限が集中している。だが時折その大統領さえもが強い民衆の抗議デモにより退場させられるのである。通じていないとして。まさに通を求める社会であり、民主主義には適合的な政治的土壌であるといえよう。中国は統一権力が強大化しすぎて、仁は通じないため不仁になりがちとなる。仁は通じることが今も求められている。

## 六　おわりに

東アジア三国の社会をみてくるなかで、どのような社会が構築されていけば希望を持てるようになるのか、その手がかりを得られたのではなかろうか。中央権力は弱いが、（あるいは弱い伝統をもっているが、）各地域内で閉鎖的な場（所）が支配的になった場合、人は息苦しくなり、和は付和雷同に変容させられる。逆に中央権力が強大で、権力にとって障害となる、批判的な力を持ちえる各種の中間団体が解体されていった場合、個人はばらばらの砂のようになり、上下は通じなくなり、仁は不仁へと変容する。閉鎖的な場（所）によって分断されず、外に開かれ、各種の中間団体が成長し権力を批判する抵抗力を持ちえるとき、通じることが可能となり、不和（同）、不仁を乗りこえ仁・和となりえる可能性が生まれる。こうして各国ごとに、そして東アジア規模で通じ合えるようになってはじめて東アジアの共通善が現実になっていくであろう。

註

（1）この段落全体は「夢も仕事も恋愛も手が届かない　韓国『七放世代』の絶望」（Yahooニュース特集、二〇一六年一月八日）。「」内は有田伸教授の発言。http://news.yahoo.co.jp/feature/91

（2）「就職率は三、四割　中国の就活は大変です　中国エリート学生座談会」（二〇一三年一〇月三日、http://toyokeizai.net/articles/-/20280　東洋経済オンライン）

（３）「未経験者はいらない」（中国の新卒採用事情二〇一五年六月一〇日：ライター藤川健太郎、https://crowdbank.jp/manesetsu/582）

（４）「大学生の就業に関する最新の調査報告書によると、大学を卒業してから五年以内に二回転職した比率が七割に達した。同報告書は、華南理工大学の学生が長期休暇を利用し、二九の省・自治区・直轄市を巡り、アンケート用紙を二万枚以上配布し共同で完成させたもの。調査対象者のうち、五年以内に二回以上転職した人は七割に達した。」（『人民網日本語版』二〇一二年三月五日、http://j.people.com.cn/94476/7747974.html）

（５）『国語』「鄭語」。春秋時代の左丘明の編纂と伝えられ、周・魯・斉・晋・鄭・楚・呉・越の八国の記録であり、年代は紀元前一〇〇〇年ごろから前四五三年ごろまで、周の穆王から晋の知氏の滅亡まで、約五五〇年間にわたる。

（６）この日本社会のありようを立場主義と名づけ分析した次を参照。安富歩『もう「東大話法」にはだまされない――「立場主義」エリートの欺瞞を見抜く』講談社プラスアルファ新書、二〇一二年。

（７）西洋法制史で言う家産・家号・家名を保有する経営体としての家（イエ）が一七世紀までには全身分において成立した。水林彪『日本通史２　封建制の再編と日本的社会の確立』山川出版社、一九八七年。

（８）岩間一雄『中国の封建的世界像』（未来社、一九八二年）補論二。

（９）李暁東「百姓（バイシン）社会：中国の『市民社会』の語り方」（宇野重昭・江口伸吾・李暁東編）『中国式発展の独自性と普遍性――「中国模式」の提起をめぐって』国際書院、二〇一六年参照。

（10）韓国の地縁、血縁、契などの相互関係については、邊英浩『朝鮮儒教の特質と現代韓国――李退溪・李栗谷から朴正熙まで』（クレイン、二〇一〇年）、第三章、補論一、二。

（11）守本順一郎『東洋政治思想史研究』（未来社、一九八五年）第三章「朱子の生産論」。

（12）社については、前掲李暁東「百姓（バイシン）社会：中国の『市民社会』の語り方」。

（13）グラミン銀行はムハマド・ユヌスが一九八三年に創設し、二〇〇六年ムハマド・ユヌスと共にノーベル平和賞を受賞した。

# 第四章　「和」について

頼住光子

本章では、日本人が、古来重視してきた徳目である「和」を取り上げて、それが現代においてどのようなあり方として解釈され、評価されているのかを明らかにする。その上で、現代の評価には何らかの問題点はないのか、また、「和」という考え方にはどのような可能性が含まれているのかについても検討する。

## 一　和の尊重の伝統

さて、「和」とは、一言でいえば、調和、融和であり、争い事や対立がなく穏やかにまとまっているさまを意味し、さらに、ある特定の集団や場における一体感、なごやかに協力し合うイメージを呼び起こす。

この「和」は、現代の日本人にとって好ましいものとして捉えられている。たとえば、好きな漢字一字を問うアンケート調査をしてみると、「和」は、愛、夢、誠などと並んで、常に上位にランクされるという。

「和」を好む傾向は、遠く古代に遡る。律令制を整備した古代国家は、八世紀になると、地名を、律令制の先進国である中国にならって好字二字に変える政策を打ち出した。たとえば、現在の徳島県にあたる粟《あわ》の国は阿波と、和歌山県にあたる木の国は「紀伊」と表記されることになった。その時に、国号も大倭・倭から「大和」に変わることになった（他には泉の国を「和泉」としたのも好字「和」の使用例である）。中国古代の歴史書を紐解くと、現在の日本や日本人を「倭」と呼んでいたことが分かる。この「倭」という漢字は、最古の字書である『説文解字《せつもんかいじ》』（二世紀初頭成立）によれば帰順を意味し、一説に背の屈んだ小人を表すとも言われる。どちらにしても「倭」は、中華にとっての夷狄《いてき》である周辺民族に対する貶称だったと考えられよう。

日本人は自国を呼ぶにあたって、当初、中国からの呼称である「倭」を用いたり、それに「大」をつけて「大倭」としたりしていたが、次第に国家意識が目覚めてくると、「日本」（太陽の昇る東の国）と自称し、さらに悪字である「倭」に変えて好字「和」を用いて「大和」と自らを呼ぶようになった[1]（「和歌」「和風」「和服」のように日本固有のものを「和」というのはここからきている）。「倭」に変えて「和」を用いたところに、古代日本人の心性が見て取れる。では、「和」を好んだ古代日本人の心性とは何を意味するのだろうか。以下考えてみよう。

## 二　古層としての連続的人間観・世界観――和辻哲郎・丸山真男・家永三郎

古代日本人の心性の特徴として、たとえば、日本近代を代表する哲学者・文化史家である和辻哲郎（一八八九～一九六〇年）は、「宣命《せんみょう》」（特殊な和文体で書かれた天皇の命令）などに出てくる「清明心《きよきあかきこころ》」をあげる。これは、共同体の他の成員から見通すことのできる、何ら後ろ暗いところのない心である。そこには、自己と他との深刻な対立は見られず、自己と他者、自己と共同体とがおのずから繋がっているという連続的かつ楽観的な人間観、世界観が見て取れる。和辻は、主著『倫理学』において人間存在を「間柄的存在」として規定し、認識する我 cogito ではなくて、家族をはじめとするさまざまな関係を担うものとして人間存在を捉え、そこから人間のあるべきありようを探究した。和辻の考える「間柄的存在」としての人間の原型は、まさに、自己と他を有機的連関のうちに捉えた、古代日本人に求めることが可能だろう。

政治思想研究者として、戦後の日本思想史研究を牽引してきた丸山真男（一九一四～一九九六年）も、古代人の連続的世界観に注目している。丸山は、仏教、儒教、西洋近代思想等の外来思想受容の受け皿となった日本思想の「古層」として、「つぎつぎとなりゆくいきおい」つまり活動・作用を神格化する心性をあげた。この生成のオプティミズムは、自己も他もこの生々のエネルギーを担うものとして連続しているという有機体的人間観、世界観と重なり合うものと言ってもいいだろう。

さらに、日本古来の肯定の論理と、外来の仏教などを通じて受容した否定の論理の相克の内に

「日本道徳史」を構想した歴史学者、家永三郎（一九一三～二〇〇二年）は、原日本的な思惟の特徴として、肯定的、楽天的人生観と連続的世界観をあげる。自己と他者とが対立なく融合し、「無礙の親和力」によって対立の深刻化は避けられる。そして、その「無礙の親和力」の中では、本来であれば世界からの超越へとつながるような深い苦悩も情趣の中に解消されてしまう。若干の例外を除いて、日本という場においては外来思想のもたらした否定の論理が十分に根付き発達することはなかったと、家永は指摘するのである。

以上、日本思想史の学としての確立に大きく寄与した、和辻、丸山、家永の所論の中で、共通して日本的思惟方法の原型が探究され、自己と他者、自己と共同体との関係を深刻な対立ではなく、有機的連関として把握しようとする傾向が指摘されていることを確認した。もちろん、そのような原型に対して批判的であるか肯定的であるかの差はあるのだが、三者ともに、この原型がその後の日本思想の展開を規定したことを認めるのである。それでは、現代にまで続くとされる、この自他和合の人間観、世界観をどのように評価すべきなのだろうか。それは改めるべき悪しき傾向なのだろうか。それとも無条件に従うべき運命なのだろうか。それともそこから新たな可能性を引き出すことも可能なのだろうか。このことを検討するにあたって、まず、この「和」の語源に遡り、その含意を確認しておこう。

## 三　「和」の語源と大和言葉の「和」

「和」という漢字の古字は、金文（殷周時代の青銅器に鋳刻された文字）に見える「龢」である。この「龢」は音符である「禾《か・わ》」と意符である「龠《やく》」から成り立っている。「龠」は、三孔の笛の竹管を並べてしばった姿で、口が上に三つ並び、祭祀のために笛の楽声を調えることを表しているという。つまり、「和」の字は、本来、神に音楽を奉献するために皆で心をそろえて調和したメロディを奏でることを意味している。そしてここから発展して、人々の間に異論が混じらず調和、協力することを意味するようになった。

他方、近年、古代人の信仰に基づく漢字解釈を行って文化史、思想史分野にも大きな影響を与えた中国学者白川静（一九一〇～二〇〇六年）によれば、「和」は、「禾」と「口」からなる会意文字である。「禾」は軍門を表し、口は𠙵（サイ）であり、神の前で誓った「盟誓など、載書といわれる文書を収める器」を意味するという。この「和」という字は、「軍門の前で盟約し、講和を行う意」であり、「和平を原義」とし、しかも、単なる平和ではなく、対立しあう両者が、神という超越的な次元を導入することで、対立を超えた調和の実現を目指すことを意味する。このことは、ただ単に対立しあう二項が妥協的に均衡を保つのではなくて、超越的な神によって、二項対立の次元が止揚され、新たな調和の次元が切り拓かれ、秩序が創出されることとも考えられる。

「和」の古字「龢」にしてみても、それは、各自が奏でる笛の音が神へと向けられることによって調和を醸し出すということを含意していた。神という超越的な次元へと向かうことで、各人の出す音が個々ばらばらなものではなくて調和的に響くものになるのである。

次にやまと言葉の「和」についても簡単に確認しておこう。やまと言葉では「和」は「やはらぐ」「やはす」「なぐ」などの訓があてられる。まず「やはらぐ」という言葉の「やは」は、しなやかでなごやかな様子を表しており、「やはらぐ」「やはす」とは、硬直した対立状態が解消され穏やかな状態へと変化することを意味する。ただし、万葉集一九九の柿本人麻呂の長歌「(前略)鶏が鳴く東の国の御いくさを召したまひてちはやぶる人を和せと奉ろはぬ国を治めと(後略)」のように、「やはす」(和)が、武力によって平定し、服従、帰服させることをも意味することがある。また、「なぐ」も元は「薙ぐ」と同根であり、「薙ぐ」とはそもそも、横ざまに切り倒すことで、その結果としてものごとが平均化され落ち着くという意味だったことにも注意を払っておきたい。

## 四　現代における集団主義としての「和」とそれに対する二つの評価

すでに、和辻、丸山、家永を引き合いに出して説明したように、自他の連続性を前提とする調和・融和として「和」は、古代日本人の心性に通じており、また、その後の日本思想史の展開の原点ともなった徳目である。この「和」について、現代では、日本文化の特性である集団主義を表すものとして一般的に理解されている。(2) そして、この「集団主義」としての「和」に対しては、相反する評価がなされている。「和」を伝統に根差し、かつ現代にも有効な徳目として高く評価する立場と、「和」が同調圧力として働いたり、他者の排除に帰結したりする危険性を持つことを批判する立場である。以下、この二つの立場について考えてみよう。

「和」の精神を高く評価する立場からは、「和」こそが、無用な対立を避け、他者を尊重しつつ秩序を維持する、融和と共生のための知恵であると賞賛される。「和」は日本の文化的伝統の精髄であり、日本ではこれまで、競争よりも和、私《わたくし》よりも公《おおやけ》、自由よりも秩序を重んじてきたと言うのである。そして、伝統的な「和」の精神を取り戻すことが、現代における人間疎外を回復したり、行き過ぎた個人主義を是正して社会秩序を回復したりする重要な鍵になると主張する。

先に言及した和辻哲郎も、このような考え方を示す。和辻は、一九三〇年代当時、深刻化する資本主義社会の矛盾、欧米による植民地支配の進行を目の当たりにして、それが西洋近代の主流をなす主客二元対立的世界把握に基づくと批判した。世界の中心に位置する自我が諸対象をコントロールするというような思惟方法が、自己利益の最大化のみを関心事とする功利的人間像（和辻の言うところの「町人根性」）を生み出したと言うのである。和辻は、そのような人間像に代わるものとして、「間柄的人間存在」を打ち出す。それは、孤立的な自我ではなくて、他者とのさまざまな関係性の中で自己形成する、関係主義的かつ可変的な人間理解である。和辻倫理学の原点には、このような自他連続的な伝統的「和」の倫理があると言うことができる。

他方、「和」の精神の問題性を指摘する議論も多くなされている。たとえば、「和」の強調は、個性や自立の軽視、自由の抑圧、場への同調の強制へとつながり、それは結局のところ、多様性を認めず異論や少数派を排除する集団主義に帰結するという批判も根強い。たとえば、上述の丸山は、対立を避け統合から出発する秩序本位の「和」は、危険な同調圧力として働いていると指摘した。戦後民主主義の旗手として丸山は、和の精神が、既成秩序に批判的に対峙する主体的な個人を抑圧する危険性に対して、警鐘を鳴らし続けたのである。同じく家永も、個が既成の現実に対して無批判に随順しがちな、自他和合の肯定的世界観を問題視する一方、仏教などがもたらした現世超越的かつ既成の現実を相対化する否定的精神をより高く評価する。これらの論者たちは、「和」の精神は、なれ合いと妥協を促進し、集団における上位者への無批判な随順を促すネガティヴな傾向を生み出すと批判する（これは、やまと言葉の「和《やは》す」「和《な》ぐ」の持っていた強制的な服従や平均化の側面に対する批判と言うこともできよう）。

以上述べたように、現在の日本では、「和」の精神は集団主義的なものとして捉えられている。行き過ぎた個人主義を批判し、共同性・公共性を主張する立場からは「和」が擁護されるが、他方、集団主義の持つ同調圧力が個を抑圧すると批判する立場からは、「和」は危険視されもする。この二つの立場は確かに対照的ではあるが、個と集団との関係を固定的に対立させてしまっている点においては共通している。しかし、日本の思想の歩みを振り返ってみると、「和」の精神が個性の圧殺に繋がるどころか、「和」の精神が個の主体性を支え、その発揮を促すということも見られる。和を異質なもの同士の共存と捉える論者もいるし、(3) 先述の和辻にしても、人間存在の個的契機をまったく無視するわけではない。彼によれば、人間存在には個的契機と全体的契機の両方があり、個的契機を否定して全体に帰依すると同時に、全体から背き出て個体になるという弁証法的関係の無限の進行の中で、人間存在が発展していく。つまり、そこでは必ずしも個性が圧殺されるわけではなく、随順だけではなく対立をも含む集団との関係を通じて個性が磨かれていくという側面もあるのだ。

さらに言えば、「和」の精神が、真の意味での個の主体性を支えるということがあり得る。その場合、自他の連続の基盤というものが問われてくる。すでに、「和」という漢字の語源説に関連して説明したように、「和」は、そもそも、超越的次元に根差した自他の調和を意味していた。『説文解字』によれば、それは、祭祀において個々の笛の音がともに神々にささげられる、つまり、超越次元へと向けられることによる調和であり、そこでは個々の音の総和を超えた美しい音色が響く。これが「和」である。つまり、ばらばらになりかねない個々の音が、超越的次元へと向けられ、それによって、個々の要素の総和以上の効果がここでは生み出される。つまりシナジーへと導かれると言えるのである。(4) また、白川静説によった場合でも、対立し合う軍勢が神に講和を誓約するということが「和」の原義となるのであるから、やはり、超越的な次元の導入による対立者同士の調和ということが言えよう。

このように「和」が、既存の共同体への随順ではなくて、それを超えた超越的な次元を背景としての自他の連続性の主張であるということは、たとえば、日本の思想に大きな影響を与えた仏教、儒教、道教における和の捉え方からも見て取ることができる。以下、それらについて簡単に紹介しておこう。

## 五　仏教、儒教、道教における「和」の捉え方

まず、仏教における和の捉え方を見ておこう。仏教においては、「和」は、基本的には人と人との

調和的な間柄としてさまざまな文脈で言及される。中でも最も知られているのが、僧伽（Sangha サンガ）における和合（和敬）であろう。僧伽とは、仏法の中でも最重要とされる三宝（仏・法・僧）の一つである。出家者の集団であると同時に、その構成員をも指す。僧伽における共同生活の特徴は、平等と和合である。古代インドにあっては、現在まで続く厳格な身分であるカースト制度が行われていたが、仏教の教団は、完全な平等主義を貫き、教団内での席次は、出家してからの年月（法臘《ほうろう》）によってのみ決まった。世俗にいた時にどんなに高い身分であったとしても、新参者は低い席次にとどめ置かれた。また、僧伽における物事の決定は、合議制による「全員一致」によることになっていた。このような僧伽における人間関係は、まさに「和」そのものであった。

ここで注意しておきたいのは、仏教の場合、教団の「和」は、人倫的結合そのものを目的とするわけではなくて、あくまでも、悟りという、世俗を超えた超越的な次元に関わっていることだ。このことをよく物語っているのが、たとえば大乗仏教の経典のうちで日本人に最も親しまれた『法華経』に出てくる「和」の用法である。

『法華経』法師品《ほっしほん》では「法華経を説くにあたっては、如来の室に入り、如来の衣を著《き》、如来の座に坐せ」と述べ、「如来の室とは一切衆生の中の大慈悲心であり、如来の衣とは柔和忍辱《にゅうわにんにく》の心であり、如来の座とは一切法空である」と続ける。いわゆる「衣座室の三軌」である。このうちの「柔和」とは他者に対してもの柔らかな態度を取ることであり、「忍辱」とは他者から迫害されても耐え忍ぶことを意味する。「柔和」も「忍辱」もともに自他の調和、和合を意味しているが、それは、教団という価値観を同じくする人との間だけに成り立つものではない。そこには自己と対立する迫害者もが想定されている。自分に害を与える者に対しても、自他の隔てなく調和的態度を取るようにと『法華経』は説く。このようなことが可能となるのは、まさに、その背後に、慈悲心と「一切法空」への理解があるからである。慈悲も空も大乗仏教の基盤となる思想である。では「和」（柔和忍辱）とそれらはどのような関係にあるのだろうか。

さて、「空《くう》」とは、何もなく空っぽということではなくて、あらゆるものが、関係の中にあって、関係を担って、今、ここにおいてそのようなものとして成立しているということである。不変の実体がないということが「空」であり、その意味で「関係的成立」と言っていい。このことは、自己が、自己として他から切り離されて独立して存在しているのではなくて、他との関係の中にあることを意味する。そして、このような自他不二である「空」を基盤として仏教的な愛である「慈悲」が成り立つ。慈悲とは、「自己と他者との密接な相互相依関係」（＝空）に基づいて、他者の喜びを自己の喜びとし（慈）、他者の悲しみを自己の悲しみとすること（悲）に他ならない。

仏教で言う「和」とは、世俗世界を超越した、全時空の全存在（一切法）がつながり合い、働き合う「空」なる次元を基盤にして成り立っているものであって、俗世における既存の閉じた共同体における自他の繋がりを意味しているわけではない。仏教における「和」とは、「空」に根差したものなのである。

次に、儒教の「和」の捉え方を見ておこう。儒教の「和」としてまず想起されるのは、『論語』子路篇の「君子は和して同ぜず。小人は同じて和せず」というよく知られた言葉であろう。これは、「学徳の備わった君子は、互いの違いを認め合って調和することができるが、軽々しく付和雷同はしない。私利私欲に捉われた小人は、表面的には相手に同調するが、相手との違いを認め合って調和することはない」という意味である。ここでは、自他の調和の「和」とは多様性を圧殺するものでないことが含意されている。では、このような多様性を認める「和」とは何を基盤として成り立つのだろうか。このことについて、『論語』が「和」を「礼」との関係において捉えていることに着目して考えてみよう。

儒教においては、本来、「和」は、「礼」との関係で言及されている（『礼記』儒行篇・『論語』学而篇など）。そこでは、「礼」すなわち、社会秩序を保つための制度、規範、儀礼、作法は、それによって和（調和）を実現するためのものとされる。「礼」は、その旧字「禮」が、超越者を表す「示」と、儀式にもちいる「豆」（高坏）に供物が豊富に載っていることを表す「豊」（白川静説によると儀礼用の酒）から成り立っていることから分かるように、本来、超越者への祭祀儀礼を意味していた。

祭祀とは、一般に、この世界の秩序が成立する原点となった神人関係の再現であると言われる。原初の混沌が超越者の介入によって整序され秩序がもたらされる。そのような超越者の世界への恩恵的介入を願い、その恵みに感謝する儀礼が本来の「礼」である。そのような儀礼の際には必ず音楽が伴う。音楽は規則正しい音階やリズムを持ち、それは、まさに超越者の示現によって世界が秩序化されたことを表すとともに、その響きによって儀礼参加者の心が調和的に結びつき合う。これはまさに「和」である。孔子によって「礼」が個人道徳や社会規範として再解釈されて、儒教教義の中心に置かれてからも、この「礼」と「和」との関係は、儒教の基底として機能し続けてきた。儒教的秩序の中心に位置する「天」は、まさにこの超越者であったのだ。

道家[5]においても、「和」は超越的な性格を帯びている。たとえば、『老子』第五五章では、有徳の人を新生児に例え、新生児が一日中泣き続けても声が出なくならないのは、それが「和の至り」だからだと言う。生まれたばかりの子どもは、分別によって汚されておらず、ありのままの自然にしたがって生きている。その声はまだ言葉によって限定されておらず、泣き叫ぶその姿は、世界に生動し満ち溢れる「氣」（気）を体現している。新生児は、弱く無力なものだが、その柔弱な存在が、「氣」に連なり、「和」すなわち、世界との調和を身をもって表す故に何物にも侵されず、無力であるが故に最も強力である。『老子』で主張される「和」とは、世界に無限に働く親和力であり、それは自他の区別を超えてあらゆるものを連ならせると言う意味で、超越的な力であるということができるのである。

以上、「和」すなわち自他や社会における調和というものが、実は、超越的次元に根差していることを、日本に影響を与えた仏教、儒教、道家を手がかりとして簡単に確認した。次章においては、これらが日本の思想や文化の中でどのようなかたちをとって現れたかを、聖徳太子の十七条憲法の「以和為貴」や、茶の湯の大成者千利休の四規「和敬清寂」などを手がかりに検討したい。

**註**

（1）「やまと」とは、「やま」（山）の「と」（門・処など）を意味する地名であったが、その地の統治者が国の統治者になったので、国名も「やまと」と呼ばれるようになり、漢字としては「日本」や「大倭」（＝大和）が当てられるようになったとされている。

（2）日本文化論に対しては、歴史を超えて「日本人」「日本文化」を不変のものとして実体化し日本の特殊性を強調し過ぎたり、日本人の超歴史的な優越性のみを誇る排他的なナショナリズムに陥ったりする危険性が指摘される。しかし、このような指摘が直ちに日本人や日本文化の特徴とされる事柄（集団主義、他者志向的、個の確立が不十分等）が、歴史的社会的に形成され保持されてきたことの否定を意味するとは言えない。
（3）長谷川櫂『和の思想』（中公新書、二〇〇九年）参照。
（4）黒住真「「和」の意義と課題――日本思想史を例に」（『複数性の日本思想』ぺりかん社、二〇〇六年）が生命論パラダイムから和をシナジーと理解し参考になる。
（5）道家は、諸子百家の一つで道教がその源泉とした老子や荘子に代表される。伝統的には両者は区別されるが、近年は両者とも Taoism と呼び区別しない傾向にある。

**参考文献**


和辻哲郎『倫理学』（1）～（4）（岩波文庫、岩波書店、二〇〇七年）
和辻哲郎『日本倫理思想史』（1）～（4）（岩波文庫、岩波書店、二〇一一～二〇一二年）
和辻哲郎「現代日本と町人根性」（『続日本精神史研究』（『和辻哲郎全集』第四巻）岩波書店、一九六二年）
丸山真男「歴史意識の『古層』」（『忠誠と反逆』ちくま学芸文庫、筑摩書房、一九九八年）
丸山真男「原型・古層・執拗低音」（加藤周一らと共著『日本文化のかくれた形』岩波現代文庫、二〇〇四年）
丸山真男『日本の思想』（岩波新書、岩波書店、一九六一年）
家永三郎『日本思想史に於ける否定の理論の発達』（弘文堂、一九三五年）
家永三郎『日本道徳史研究』（岩波全書、初版一九五四年、改版一九七七年、岩波書店）
白川静『字通』（平凡社、一九九六年）

# 第五章　日本思想における「和」
## ——「和を以て貴しとなす」と「和敬静寂」をてがかりにして

頼住光子

## 一　聖徳太子「十七条憲法」に見られる「和」

### 1　官人への訓戒としての「十七条憲法」

聖徳太子（五七四～六二二年）は、用明天皇の皇子で、推古天皇（在位五九三～六二八年）の摂政をつとめた飛鳥時代の代表的政治家、思想家である。近年、聖徳太子[1]をめぐっては、その実在性も含めて議論が盛んであるが、後年聖徳太子と呼ばれた人物が推古朝に蘇我氏の協力の下、国政を司ったことは確かだとされている。また、推古朝遺文の研究が進み、国語学の側からもまた歴史学の側からも、『日本書紀』所載の「十七条憲法」（六〇四年成立）は、少なくともその原型は推古朝に遡《さかのぼ》れる可能性が指摘されている。

当時、律令制を整備し中央集権化を推進する隋（五八一～六一八年）が勃興したことで、東アジア情勢は大きく変動し、新たな歴史的段階に入った。日本もそれに連動して新たな国政の仕組みを作らなければならないことは、聖徳太子と蘇我氏の共通の認識であったと思われる。このような認識の下、諸豪族の連合体を超える中央集権的官僚制秩序の創出へ向けて大きな脱皮が図られ、その一環として生まれたのが、大和朝廷の官人への訓戒である「十七条憲法」である。そこでは、一君と万民との間を媒介する官人に対して、「以和為貴」「篤敬三宝」「承詔必謹」「懲悪勧善」「背私向公」などさまざまな心構えが説かれた。

「十七条憲法」は、地方官に対する倫理規定である北周（五五六〜五八一年）の六条詔書をはじめとする中国北朝の官僚に対する倫理規定と類似しており、これらの影響下で作成されたと言われている（岡田正之氏ら）。しかし、これらは「和」を冒頭に掲げてはおらず、「和」の強調が「十七条憲法」の大きな特色となっている点は注意すべきであろう。

## 2 「和を以て貴しと為」とは

「和」は、「十七条憲法」の冒頭においてまず説かれる。

一に曰く、和を以て貴しと為《す》。忤《さか》ふること無きを宗《むね》と為。人皆党《たむら》有り、亦達《またさと》る者少なし。是を以《も》ちて、或いは君父に順わず。乍《ある》いは隣里に違《たが》へり。然《し》かるに上和らぎ下睦びて、事を論《あげつら》ふに諧《かな》ふときは、則ち事理自ずからに通《つう》ず。何《いずれ》の事か成らざらん。

（第一条。和を尊重し、人に逆らわないことを心がけよ。世人はとかく党派を結びがちであり、また、物事を弁えた人は少ないから、主君や親に逆らったり、近隣の人と争ったりする。しかし、上に立つ者が下の者に和やかに接し、下の者も上位者に親しんで、穏やかに議論して調和すれば、物事の理はおのずから通じ、何事もうまく行くのである。）

第一条では、官人に対する訓戒のうちでも最も大切なものとして「和」を説いている。「和を以て貴しと為」が、そのすぐ次の文で「忤ふること無きを宗と為」と言い換えられたように、「和」とは、「人に逆らい争う」ことなく、人となごみ調和することを意味している。

この「十七条憲法」（の原型的文書）が書かれたのが推古朝であるとするならば、朝廷においては有力豪族たちが熾烈な権力闘争を繰り広げており、それが「人皆党有り」という言葉にも反映されている。そして、「達る者少なし」とは、人は皆、自己の立場や属する党派の利害得失に目が眩《くら》んでしまって、それを超える公共の立場にたって物事を認識することが難しいということを意味しよう。官人として国政を担うにあたって、偏狭な党派性を超えることが必須であり、そのために「和」が説かれているのである。

第一条で特に注目したいのが、「事を論らふ」ことの重要性が述べられているということである。つまり、「和」とは、同調圧力によって集団の価値観に盲従したり、上位者の意見に唯々諾々として追従したりというような、悪しき集団主義における「従順」を意味しているのではない。人のもつ党派性そしてそこに由来する偏狭さは、議論をし、その中で相手の立場を知り議論を重ねることによって、超えられていくべきものだという考え方がここからは見て取れる。

そして、「則ち事理自ずからに通ず」と言われているように、議論を重ねることで、自他対立を調停する、より高次のものとして「理」がおのずから浮かび上がってくる。「理」とは物事の正しい筋道のことであり、それは、議論においてそのつど明らかになるものであって、決して、前もって従うべき「理」として押し付けられるべきものではない。同様の発想は、たとえば第十条や第十七条においても見られる。第十条では、「是非の理」（善悪の理）を特権的に定めることができる人などおらず、みな「凡夫」に過ぎないのだから自説ばかりに執着するなと戒め、第十七条でも、独断専行せずに皆と議論すれば、「理」が得られると教える。眼前の直接的な利害関係を離れ議論をすることを通じて、より高次の公共性をもった結論が得られるのである。

以上簡単に第一条の内容を検討した。その結果、現在「和」という名のもとに想定されがちな、物事の正不正を問わずひたすらに集団に随順し同化するような精神のありようとはまったく違うものが、この「十七条憲法」の「和」によって意味されていることが明らかになった。ここで想定されている国家とは、個を圧殺するような巨大な暴力装置などではなくて、各人が党派性（＝私性）を超えて公共的次元へと跳躍することで維持される「和」を、最終的に保証する全体性そのものとされる。その国家の長たる「君」は、このような社会の全体性の象徴として「十七条憲法」では位置づけられるが、それに留まらず、官人が君の命に対して謹んで従う、すなわち「和」することによって「春夏秋冬の四つの時が順序に従って変化し、万氣は通じ得る（四時順行、万氣得通）」（第三条）と言われるように、自然を含めた世界の全体性をも「君」は表しているのである。

## 3　「和」の典拠について

次に、この「和」の性質と背景を、その典拠という面から見定めてみたい。「和」の典拠については、奈良時代に遡る『日本書紀』研究の中で継続的に行われており、仏教からという説と儒教からという説がある。まず、儒教からという説を検討してみよう。

儒教においては、本来、「和」は、第四章でも述べたように「礼」との関係で言及されている。特に「十七条憲法」の各条と関係の深い『論語』に注目してみよう。

『論語』学而篇では、「礼の用は和を貴しと為」とし、「礼」（秩序を維持するための規範・作法）の実現のためには「和」（人と人との調和）が伴わなければうまくいかない。他方、「和」の重要性を認識して、「和」を実践しても、礼によって節度を保たないならば、（安易な付和雷同になってしまって）やはりまたうまくいかない」と述べている。つまり、人々がそれぞれの分に応じて振る舞うという身分の隔たりを前提とした秩序感覚である「礼」と、人々が互いに親しんで繫がり和みあう親和感覚である「和」の両方が物事を行うには必要だというのである[2]。同じく「十七条憲法」の「上に立つ者が下の者に和やかに接し、下の者も上位者に親しんで（上和下睦）」（第一条）、「上に立つものと下の者とが和やかに調和し（上下和諧）」（第十五条）という言葉にも、「上下」という秩序・隔たりと、「和睦」という親愛・融和との両方が備わっている。これらから、「以和為貴」が儒教的なものの考え方を背景にもっていることは十分に首肯できよう。とはいうものの、この第一条を単に儒教の影響下にあるとのみ考えることは不十分であろう。

まず、その理由として挙げられるのは、十七条憲法冒頭では「和」が挙げられるに留まり、原典にあった「礼」が省かれているということである。もちろん、第一条では先述のように「上和下睦」と言われ、儒教的な上下の秩序（礼）についても触れられているのであるから、「礼」がまったく排除されているわけではないのだが、それにしても、冒頭の一文に「礼」が省略されていることの意味は決して小さくはないと言わざるを得ないだろう。また、「和」は、儒教において一般的には中心的な徳目であるとは考えられていないことも指摘できる。儒教の中心徳目として挙げられるのは「仁義礼智信」の五常や「礼楽」であり(3)、「和」は、第四章で述べたように重要な徳目ではあるものの、普通は中軸となる徳目ではない。つまり、もし十七条憲法が儒教の立場を貫くのであれば、「仁義」や「礼楽」を差し置いて「和」を第一に主張するというのは違和感があるのだ。さらに、「礼」については第四条で「礼を以て本と為《せ》よ。其れ民を治むる本は、要は礼に在り」と言われているが、儒教的にはより本源的な徳目である「礼」が第四条であり、冒頭で最も強く押し出される徳目が、「礼の用」である「和」だというのは、本末転倒している印象を免れ得ないのである。

もちろん、儒教的な「和」というものが全く排除されるわけではないことは言うまでもないことではあるが、むしろ「十七条憲法」の「和」の出典は仏教に求めるべきではないだろうか。第四章で既述したように、仏教では共に成仏（真理の体得）を目指す共同体である僧伽における「和」が重視された。たとえば、大乗仏教では「六和合」（六和敬）が説かれ、教団において共同生活を営む修行者たちは、「六和合」を心がけるべきだとされた。「六和合」とは、身和（礼拝などにおける和合）・口和（讃詠などにおける和合）・意和（信仰における和合）・戒和（生活規範を共にする和合）・

見和（正しい見解をともにする和合）・行和（正しい行動を同じくする和合）である。僧伽の構成員である僧たちは、合議制による平等主義を貫きつつ、互いに調和し合って修行に励んでいた。もちろん教団内での序列は存在したが、それは出家してからの年月の長短によってのみ決まった。「十七条憲法」が想定する官人集団も、上下の位階はありつつも同じく「共にこれ凡夫」であり、その意味で平等であった。つまり、僧伽も官人集団も、それぞれが悟りの成就と「国家永久」（第七条）という究極目標をもって、議論を行うことで自己絶対化を免れつつ「和」を保って目標の実現のために邁進した。両者はこの点で共通しているのである。

以上から、「十七条憲法」冒頭の「和」については、やはり仏教の「和合僧」がその第一の源泉となっていると見るのが適当であろう。第一条で「和」を説いたあと、第二条では「篤く三宝を敬え（篤敬三宝）」が説かれる。「和」の根拠として、仏教が宣揚されていると考えることができよう。

## 4　「和」の根拠である仏教

第二条では冒頭で「篤敬三宝」と述べた上で、「生きとし生ける者すべての拠り所、万国が則るべき究極の教え（四生の終帰、万国の極宗）」と仏教を讃美した上で、「その本性が極悪であるという人は、めったにいない。だから、教化可能なのである。仏法僧の三宝に帰依することによって、その人の偏向を正すことができるのである。（人尤《はなは》だ悪しきもの鮮《すくな》し。能《よ》く教ふるをもて従ふ。其れ三宝に帰せずんば、何を以てか枉《まが》れるを直さむ。）」と述べる。ここで太子は、仏教の教えに従うことが、人が自己中心性を免れ、他者を尊重することの基盤をなすと説く。仏教では、我執を否定し無我（非我）を説く。無我とは自己が何もないということではなくて、自己が固定的なものではなくて関係の中で成立するということである。このような関係的成立を、空－縁起という。このような基本教理に基づいて、太子は「三宝に帰せずんば、何を以てか枉れるを直さむ」と言っている。自己へのこだわりを捨てるためには、我執を否定する仏法の教えが必要だと言うのである。

さらに、ここで注目されるのは、太子が「人尤だ悪しきもの鮮し。能く教ふるをもて従ふ。」と述べている点である。つまり太子は、人の中に善への可能性を認め、それ故に教化が可能であるとしている。このような考え方は、太子が講説したと伝えられている『法華経』や『勝曼経《しょうまんぎょう》』の中に顕著に見られる。『法華経』では小乗も大乗も同じく悟れるとする一乗思想が宣揚され、『勝曼経』では万人に仏性（仏の本質）が備わるが故に、誰もが仏（真理を悟った者）と成り得ると説かれる。つまり、太子は仏性思想、一乗思想に則って、教化可能性を主張しているのである。「和」に即して言えば、「和」の可能的根拠とは、万人に平等に仏性がそなわっている、小乗も大乗も同じく悟れるという平等主義であると言えよう。

以上、「和国の教主」と呼ばれる聖徳太子の作ったとされる「十七条憲法」を手がかりとして「和」の思想の日本における原初的な形を、その目指すところも含めて概観した。太子の主張する「和」の精神とは、決して同調圧力への随順を意味するものではなかった。それは、法華一乗思想や仏性思想の平等主義に裏打ちされた、議論を尊重する公共性の思想であったとも言えよう。

## 二　わび茶の「和敬清寂」について

### １　わび茶の精神性

日本における「和」の思想の展開をたどる上で、「十七条憲法」の「以和為貴」と並んで見逃すことのできないのは、禅思想の影響下で成立した「わび茶」における「和敬清寂」である。

抹茶を日本に伝えたのは鎌倉時代の禅僧栄西（一一四一〜一二一五年）である。当初は修行中に目を醒まさせるなどの薬効が注目されたが、室町時代になると遊興性の高い闘茶の「茶寄合」や豪華な舶来の茶道具（唐物《からもの》）を使った「書院茶」が流行した。そのような流行に逆らって、千利休は、草庵の小座敷で質素な道具を用いる「わび茶」を確立した。そこには、千利休が大徳寺の古渓宗陳に参じて体得した禅の精神が大きな影響を与えている。「わび茶」では、我を捨てた枯淡閑寂な境地で茶を点《た》て客にふるまうことで、自己の精神修養と他者との「一期一会《いちごいちえ》」の出会いが求められた。この「わび茶」の精神を端的に表す言葉が「和敬清寂」である（ただし、利休の茶の湯は「和敬清寂」の精神に基づくものであると言えるが、この言葉自体は、江戸期以降に定式化されたと言われている）。

さて、「わび茶」の「わび」は、「わぶ」「わびし」から派生したものであり、これらの言葉は、優雅華麗な宮廷生活を理想とする平安時代には「不足」「不本意」「貧」「辛い」「みすぼらしい」というようなネガティヴな意味しか持たなかった。しかし、中世になると、物質的には不足の簡素な生活の中に、物質には捉われない無限の精神的充実を見出す新たな美意識が台頭し、この言葉も積極的な意味を持つようになった。豪華華麗を嫌い自然質朴を好むこの美意識は、「不足」「貧」であることの中に、人間としての限度と俗世を超えた無限なるものへの自覚を見て取ろうとする。このような美意識をはぐくんだのが、俗世から離れて無執着の悟りを目指そうとする仏教であった。そして、これら中世的美意識と精神性の担い手となったのは、都からは離れた山里に庵を結ぶ隠者たちである。彼らは、世俗から離れた草庵に集まって和歌や連歌などの文学的な催しを楽しんだ。「わび茶」もこの精神的伝統から生まれたのである。

## 2　茶会における「和」

「わび茶」の精神を端的に表すとされる「和敬清寂」の筆頭に挙げられる「和」とは、茶会を主宰する亭主とそこに招かれた客たちとの間の精神的な交流、それによって実現される和やかな調和である（一座建立《いちざこんりゅう》）。これは当初より茶会においてもっとも重視された徳目である。

さて、利休をはじめ草創期の茶人たちは茶会を開いて互いを招き合い、もてなし合った。もちろん、そこには経済的実力によって社会的地位を向上させつつあった京都・奈良・堺の豪商たちや戦国武将らの情報交換・人脈作りの場という意味も含まれてはいたが、それと同時に、彼ら茶人たちは、茶会を通じて美意識を磨き合うとともに、俗世間から離れた小さな茶室の中で心を通わせ、一つの理想的な世界、すなわち、あらゆるものが所を得て調和する「和」の世界を実現させようとした。

茶会を主宰する亭主は、茶会開催にあたって客同士が調和するように、まず客の顔ぶれを吟味する。茶会に使われる諸道具には日常の雑器が好まれ、水指《みずさし》、茶入《ちゃいれ》、茶碗、茶杓《ちゃしゃく》などの取り合わせ、調和が重視された。

客たちは露地に設けられた蹲踞《つくばい》（手水鉢《ちょうずばち》）で手や口を浄めてから茶室に入るが、その際に使われるのが、利休考案の躙口《にじりぐち》である。躙口は、高さ二尺二寸（約六六㎝）、幅二尺一寸（約六三㎝）の小さな出入口である。茶会の際には、どのように身分の高い客であろうとも、身を屈め頭を低くしてこの躙口から出入りすることになっている。また、躙口から入る前には、武士も腰の刀を外してそばに設置された刀掛に置くことになっていた。これは、茶室の空間には世俗の身分や立場を持ち込まないということを示している。この意味で、茶室とはまさに仏教の「無差別《むしゃべつ》」の空間であり、そこには特有の平等主義があったということができる。茶室は、街中にあって街中を離れた「市中《しちゅう》の山居《さんきょ》」であり、まさに別天地として世俗を超越した世界であった。そこには、世俗の秩序がいったん無化された平等で調和した世界が立ち現れるのである。

躙口から入って客たちは、座敷に並んで座り、亭主自らが点てた茶を喫する。書院茶では広く立派な座敷に高価な唐物の道具を飾った台子《だいす》（棚）を置きその前で茶を点てたり、別室で点てられた茶が運ばれたりしたが、利休の確立したわび茶では、四畳半以下の小間《こま》が好んで用いられ、そこに亭主自らが道具を運び出し茶を点てる。ここでは、主役が道具から亭主へと、さらに言うならば亭主と客との繋がり（和）へと移っている。

抹茶には濃茶《こいちゃ》と薄茶があるが、特に濃茶は、亭主が練った一椀の茶を客たちが皆で飲み回すことになっており、茶室空間における連帯性を高めた。この連帯性について、利休の高弟であった山上《やまのうえ》宗二《そうじ》は、「一座建立《いちざこんりゅう》」という言葉で言い表す。そして亭主と客とが一つになって充実した空間を創出するためには、「一期一会」の覚悟が必要だという。この茶会がただ一回きりのものだと自覚することで、亭主と客とが、今、ここそが、刻々と過ぎ去る無常の世界の中にあって、かけがえのない「永遠の今」であることを認識し、充実した「和」の世界を作り上げることができるのである。

このような「和」の世界を創出するために重要な心構えとして、茶道では「我慢我執《がまんがしゅう》」（驕慢と利己主義）とを離れることが強調された。人間の日常の世界は、我執によって成り立っていると言ってもいい。特に、利休が生きた安土桃山時代は、武将たちが血で血を洗うような権力闘争を繰り広げていた。そのような修羅《しゅら》の巷《ちまた》の中でこそ、一椀の茶を仲立ちとして生まれる、対立を超えた「和」の空間は貴重なものになる。「和」とは、すでにある実体化された共同性ではなくて、茶室につどう人々それぞれが、それぞれの立場において「我慢我執」を取り去ることによって、「一期一会」に現出する共同性なのである。

つまり、「和」とは何かある既存の場に対して、個を無にして随順するというようなものではない。自他の二元対立ではなく自らを生かし他者をも生かす世界（自他一如《じたいちにょ》）——これは大乗仏教が日本人に教えたものであるが——このような世界を生み出すための理想が「和」なのである。

## 3　「和敬清寂」の「和」を支えるもの

最後に、このような「和」、すなわち自他一如の基盤について考えてみよう。

させて、茶室という空間のうちでもっとも神聖な空間は、床の間である。ここはもともと仏画を掛け香華を供える場所であった。茶の湯の源流の一つは、確実に、仏前に捧げる茶であったが、しかし、その後の茶の湯の展開の中で、床の間は、元来の神聖性は潜在的に保ちつつも、唐物などの名物の茶道具や舶来の美術品を飾る場所へと変化していった。しかし、利休は床の間に名物道具や高価な美術品ではなくて、一輪の野の花を好んで飾った。

この茶花に関しては、『茶話指月集』をはじめ諸書に収められている「朝顔の茶会」と呼ばれるよく知られた興味深いエピソードがある。それは次のようなものである。

利休の家の露地（庭）に朝顔が見事に咲いているという評判を聞いた秀吉は、それを見たいと思って利休に朝の茶の湯を申し入れた。当日の朝、利休の庭に行ってみると朝顔は刈られて何もなく、茶室の床の間に、ただ一輪だけ見事な朝顔が生けてあった。

神聖な床の間にただ一輪だけ生けられた朝顔は、庭に咲いたすべての朝顔を代表するものであるだけでなく、茶室の外に広がる露地（茶庭）、さらに言えば、全自然、宇宙のエネルギーの精髄を象徴するものである。一輪のはかない命しか持たないその花に、自然と宇宙の力が籠められ、その花を飾った茶室という空間は、まさにその一輪の花から放射される力が静かに満ち溢れる空間となる。わび茶の「わび」は「不十分」「貧」を表すと前述したが、それが、極端に切り詰められ、極小へと集約されることによってかえって、その極小にまで圧縮されたエネルギーが全体へと限りなく広がっていくという構造を暗示すらする。つまり、人と人との「和」の時空を最終的に支えているのは、自然や宇宙に遍満するエネルギーであるということが、この床の間の一輪の花によって象徴的に示されているということができるのだ。

以上、「和を以て貴しと為」と「和敬清寂」の「和」について考察してきた。これを通じて、昨今さまざまなニュアンスで主張されている「和」の精神の潜在的可能性が明らかになったと言えよう。「和」の精神とは、決して、既存の集団に対して何ら疑問を持たず、何の異論も唱えず従うような態度を良しとするものではなかった。それは、議論によって現れてくる繋がりであり、また、根源的かつ超越的次元によって支えられて、そのつど、今、ここに立ち現れる連帯性、調和なのであった。

**註**

（1）聖徳太子という呼び名は、後に神格化されてからの呼び名であるが、ここでは歴史的に聖徳太子と呼ばれてきた事実を重んじ、この呼称を使うことにする。

（2）『礼記』楽記篇に「音楽は世界を一つに調和させ、礼は世界を分節し秩序付ける。調和するからこそあらゆるものがみな生成し、秩序があるからあらゆるものが分節する。（楽は天地の和、礼は天地の序。和する故に百物皆化し、序する故に群物皆別る。）」とあるように、礼と和は、分節・秩序化と調和・相互浸透として反対のベクトルを持ちつつ、補い合って世界を活性化するものとして捉えられている。

（3）「五常」については、現存最古の『論語』の完全な注釈である何晏《かあん》（一九〇頃～二四九年）の『論語集解《しっかい》』（漢魏の諸家の訓注の集成。古注）に「三綱五常」という言葉が出ている。「礼楽」については『礼記』楽記篇で「礼と音楽と刑罰と政治は究極的には秩序を維持することその一つのことを目指している（礼楽刑政其の極は一なり）」と言われている。

## 参考文献

家永三郎他『聖徳太子集』（日本思想大系2、岩波書店、一九七五年）
中村元編『聖徳太子』（日本の名著2、中公バックス、中央公論社、一九九四年）
坂本太郎『聖徳太子』（人物叢書、吉川弘文館、一九七九年）
曽根正人『聖徳太子と飛鳥仏教』（吉川弘文館、二〇〇七年）
『決定版　中村元選集　別巻6　日本の思想Ⅱ　聖徳太子』（春秋社、一九九八年）
石田尚豊『聖徳太子事典』（柏書房、一九九七年）
林屋辰三郎他『日本の茶書　1、2』（東洋文庫201、206、平凡社、一九七一、七二年）
神津朝夫『千利休の「わび」とは何か』（角川ソフィア文庫、二〇一五年）
幸津國生『茶道と日常生活の美学』（花伝社、二〇〇三年）
頼住光子『日本の仏教思想——原文で読む仏教入門』（北樹出版、二〇一〇年）

# 第六章　平和としての「和」
## ――「平和とは人間の生命を尊ぶこと」

片岡　龍

ここでは、近代における「和」の重要な展開の一つである平和の問題について考えてみたい。

## 一　はじめに

大坂城を訪れた人は二度驚かされる。はじめは巨石を積んだ石垣や谷底のような水濠・空濠などによって示される圧倒的軍事力に。つぎにそれが豊臣時代のものではなく、大坂夏の陣（一六一五〈元和一〉年）によってもたらされた「元和《げんな》偃武《えんぶ》」（「元和」は平和の始元、「偃」は止めるの意）、すなわち〈徳川の平和〉時代の再築であることに。「徳川の平和」は、パクス・ローマーナになぞらえて、ときにパクス・トクガワーナと呼ばれたりもする。英語のピース（peace）の語源でもあるラテン語のパックス（pax）はもともと講和とか協定という意味だが、それは結局、軍事力の独占による戦争状態の凍結である。徳川時代に再築された大坂城の威容は、まさにそのことを語っている。現在のアメリカ主導の国家安全保障も基本的に同じ発想にもとづこう。

平和研究の新地平を切り開いたと称されるノルウェーのヨハン・ガルトゥング（一九三〇年〜）は、このような平和を、「直接的暴力」の不在をめざす「消極的平和」（negative peace）と呼び、それに対して貧困や差別、飢饉などの「構造的暴力」の不在である「積極的平和」（positive peace）という新たな概念を提出した。前者は東西間の冷戦、後者は南北問題が念頭におかれた。

戦争の世紀と呼ばれた二〇世紀は、その危機の深さゆえに、このような平和観の進展をも生んでいる。それでは、東アジアの伝統思想としての「和」を、二一世紀のわれわれはどのように読み直せるだろうか。二〇世紀の「和」の歴史をふりかえるところから始めよう。

## 二　融和（同化）としての「和」

「日本人＝集団主義」説は、アメリカの女性人類学者ルース・ベネディクト（一八八七〜一九四八年）の『菊と刀』（一九四六年）が契機になって広まったと言われる。そして、伝統的な「和」の価値の強調とも相俟って、日本人といえば、個人よりも集団の「和」を重んじる国民であるとする説が、いまでも一般的には根強い。

しかし、「和」はなぜ「日本人＝集団主義」説と結びついたのだろうか。その原因は、実は戦前の国体論にある。国体とは本来「万世一系の天皇によって統治される優秀な国柄」を表す概念であるが、第一次大戦（一九一四〜一八年）後から国体論は新たな展開を始める。一九二五年、共産主義運動を弾圧するために治安維持法が制定され、「国体の変革」という新たな罪名が登場する。これは関東大震災（一九二三年）後に政府が進めた「思想善導」政策の流れを承けるもので、民主主義、社会主義、共産主義などの思想が、「善導」すべき「悪思想」とされた。

満洲事変（一九三一年）以後、戦時体制が強化される過程で、個人主義や自由主義をも反国体的として否定しようとした国体明徴運動が盛り上がり、文部省は『国体の本義』（一九三七年）を刊行する。同書は、自由主義・民主主義の基礎としての個人主義に対し、日本は皇室を宗家とする一大家族国家であるとして、天皇に「没我同化」し、おのおのの「分」を守りながら「和」を実現していくことが、日本国民のあるべき姿と説いた。このように個人主義批判の根拠が、最終的に「和」に帰されたところに、「和」と集団主義の不幸な結びつきの始まりがある。

『国体の本義』「緒言」は「現代日本と思想問題」と題されているが、要するに「現代日本」は西洋の個人主義にもとづくさまざまな思想が輸入され、「思想上・社会上の混乱を惹起」している時代だと述べている。そこでの「和」とは、まず、⑴それらの思想上の混乱を調和する「醇化」を意味する。また社会上の混乱とは、具体的には共産主義の主張する階級対立を指すが、したがって次に「和」は、⑵国家（君臣、国民相互）、家庭（親子、夫婦、兄弟）などの人間関係の融和を意味する。ただし、そのような社会観と根本的に異なる共産主義等の思想は、ことばでは「醇化」といっても結局は無化されるのである。また階級対立の行き着く先である革命は、「万世一系」という国体観によって否定されるが、それを支える論理が、(3)過去と未来の「和」とでもいうべき特異な思想である。過去と未来の「和」の思想は、「天壌無窮《てんじょうむきゅう》」の解釈に表れる。「無窮」とは、一般に考えられるような「時間的連続における永久性」ではなく「永遠の今」の意とされる。過去も未来も現在の中に融け合う。未来の目的は、過去においてすでに「永久に確定」されることで、現在の神である天皇の動機・手段（「現御神にまします天皇の大御心・大御業」）に同化する[1]。ここに『国体の本義』における「和」のきわめて特徴的な性格がよく示されている。

この論理の根拠として援用されたのが、復古と創造とを一体とする「むすび」の精神である[2]。「むすび」とは「産霊」と書き、天地・万物を生成・発展・完成させる霊的な働きを意味する。『国体の本義』では「天壌無窮《てんじょうむきゅう》」という日本の国家の永遠の創造発展性を「むすび」とし、「君臣相和し、臣民互に親和」する「和の力の現れ」であるとした。

「むすび」をもち出すことで、「和」を生命論的観点から意義づけようとした点は面白いが、結局これは、後述するように武力（反生命）という手段を、平和（生命）という目的と同一視して正当化するための論理にすぎなかった。このように、思想上にせよ、社会上にせよ、異質な存在を一つに融和（同化、無化）するような「和」は、決して東アジアの共通善とはなり得ないだろう。

## 三　和魂漢（洋）才としての「和」

しかし『国体の本義』の「和」も突然現れたわけではなかった。そもそも「万世一系」という発想に、過去と未来を現在に融け合わせる論理が含まれている。大日本帝国憲法（一八八九年公布）の起草に貢献したドイツの法学者ロェスラー（一八三四～九四年）は、資本主義における階級対立の調整者として、天皇に強大な権力を与えるよう助言しながら、「万世一系ノ天皇」（第1条）という表現に対しては、「今後幾《いく》百千年ノ後マデ皇統ノ連綿《れんめん》タルベキヤハ、何人モ予知シ能ハザル所ナリ。［……］故ニ寧《むし》ロ万世一系ヲ改メテ、開闢《かいびゃく》以来一系ノ天皇」とすべきとして反対した。未来の予想を現在の確定事項として憲法条文に盛り込むことは法律的論理として欠陥があるとの議論である。しかし、憲法起草の中心人物たちはあえてそれに従わなかった。

ここに⑶古と今の「和」の思想の源流を見ることは、あながち不可能ではないだろう。また⑵階級の融和者としての天皇という考えも、すでに帝国憲法時に固まっている。それでは⑴諸思想の醇化としての「和」は、いつ頃まで遡り得るだろうか。

ただちに思い浮かぶのは「和魂漢才」という語である。そして、一般にこの語は菅原道真（八四五～九〇三年）のものと見なされてきた。『国体の本義』によれば、以下のとおりである。

「わが国の文化は開国以来の偉大なる精神の発現である。これを豊富にし発展させるために外来文化を摂取し醇化してきた。中国の明の時代の著作である『五雑俎《ござっそ》』に、儒教の経書のうち『孟子』をもって日本へ行く者がいれば、その船は必ず転覆するという伝説を載せているのは、革命思想というものが日本の「国体」と根本的に矛盾することを語るものであり、…菅原道真の語と言われる「和魂漢才」の語が広く行われたのも、このような意味からである。[3]」

しかし実際は、「和魂漢才」は道真自身の著作ではなく、室町時代の神道家の偽作『菅家遺誡』（成立年未詳）を初見とする。その第二一、第二二章に、日本は神国であり万世一系で無窮の生命をもち、「和魂漢才」の精神によって中国の儒教から学びながらも「革命」の考えは受け入れなかったことが述べられており、(4)『国体の本義』の「和魂漢才」観が、基本的にこれを承けていることがわかる。

しかも、この両章は江戸時代後期に改竄して挿入されたことが現在では確実である。竄入の背景には、一八世紀ころの垂加神道系（江戸時代前期の山崎闇斎が提唱した神道説）、国学系（江戸時代中期に勃興した日本の古典研究の一学派）の学者らによる「大和魂」の強調がある。

垂加神道では、国家の永遠の幸福を祈り、ひたすら君主の永遠の生命を祝うのが「日本魂」という（松岡文雄『神道学則日本魂』）。天皇の「万世一系」によって保障される、国家の「永遠の生命」という考えが、ここに含まれていることは明らかであろう。一方、国学者は「やまとたましひ」を固めて、「漢意（からごころ）」の侵入をふせぐことを強調した。そして、「やまとたましひ」が固まりさえすれば、「漢才」を自在に用いることは、むしろ奨励された。そして、不変不動の「和魂」とは、垂加と同じくやはり君主のために、国の利益を祈る心なのである。

このように、「和魂漢才」はせいぜい一八世紀ころに遡るにすぎず、その内容も君主や国益のために諸思想を道具として用いることであった。こうした「和」が、異文化コミュニケーションの重要性のますます高まるグローバル化時代にふさわしくないことは言うまでもない。

異文化コミュニケーションで大事なのは、自文化の中だけで純粋培養された魂が、異文化との接触によって変容（成長）することである。大和魂の初出は『源氏物語』（紫式部、一一世紀初成立）であるが、そこではまだ「和魂漢才」のように魂は固定化していない。

「才をもととしてこそ、大和魂の世に用ゐらるる方も強うはべらめ。」（『源氏物語』乙女）

「和魂」（＝体）「漢才」（＝用）の関係とは逆に、「才」を基本としてこそ、「大和魂」がよく働くとされている点が目をひく。が、ここでの「才」と「魂」は体用の関係にあるというよりは、むしろ「魂」が生き生きと活動するための土台、あるいは手がかりとしての「才」である。よって、上の文章は「苦労して身に付けた知識を端本としてこそ、生まれつきの知恵もよく働く」とでも訳せる。どうすれば「魂」が生き生き働くかというところに関心の主眼があるのであって、「魂」と「才」の対比や、両者の関係を考えようとしているのではない。

つまり、「魂」が生き生きと働くことが「魂」の本質であると紫式部は見ている。これは国学者が「魂」を固めようとしたり、垂加神道者が「万世一系」と関係させようとするのとは真逆である。現代に欠かせないのは、むしろ『源氏物語』のような「和魂」の捉え方ではないだろうか。

## 四　心の平和としての「和」の限界

諸思想の和ということは、二〇世紀の課題でもあった。ユダヤ系のドイツ人で哲学的人間学の提唱者として知られるマックス・シェーラー（一八七四〜一九二八年）は、二〇世紀を世界の精神の「調和および補完への道をひらくべきとき」の始まりとしている。(5)

このような考えの登場の背景には、第一次大戦後の「世界の永久平和」への志向がある。ドイツ魂やヨーロッパ精神のみでは、世界平和は実現されないとの認識にシェーラーは達したが、しかしその実現をはるかな険しい道程とみる彼の平和論は、結局は「消極的平和」を説くものでしかなかった。(6)

『国体の本義』の「和」も、諸民族、諸思想の調和を説く点では、シェーラーと同様の動機をもつものである。そこでは、日本の「和」が世界に拡充されることで、「真の世界の平和」が実現されるとされている。その「和」は、それぞれの立場において「分」を守り、その特性を発揮することで、よく「一」となることのできる「特有の大和」である。しかしそれぞれの立場（民族・国家）どうしの意見の対立、利害の相違による葛藤・破壊が前提とされており、終局としての「和」を成就させる過程として、葛藤・破壊が意義づけられている。(7)

シェーラーの場合、彼のいう「心術平和主義」の実現には長い時間が必要とされるのに対し、『国体の本義』では現在の「天皇の大御心」の中にただちに実現されているとされ、「和」のための葛藤・破壊、すなわち戦争が「天皇の大御心・大御業」として肯定されるのである。そこでは、先述したように武力（反生命）という手段を、平和（生命）という目的と同一視して正当化するための論理が押し出されている。(8)

このような「和」の曲解は、二度と繰り返すことは許されない。また心の平和としての「和」が、結局は武力の肯定を容認する論理を脱け出しにくいことにも、われわれは注意しなければならない。

## 五　あいだに生まれる「和」

二〇世紀初頭は平和が強く意識された時代であった。なぜだろうか。一九〇九（明治四二）年、東京帝国大学法科大学助教授に就任したばかりの吉野作造（一八七八〜一九三三年）は、「近世平和運動論」と題して、一九〇七年に刊行されたオーストリア出身のアルフレッド・H・フリート（一八六四〜一九二一年にノーベル平和賞受賞）の著書の大要を紹介している。以下は、その一節である。

「近年の軍備とその当然の結果である領土拡張の必要の二つは、つまるところ表面的な症状にすぎない。ではその病根はどこに隠れているかというと、現代社会のある矛盾、つまり、一方においては、近代の生活が激変したことに伴う安定した秩序の要求、言い換えれば現代の人類の心の中にひそんでいる平和への熱烈な要求と、他方においては、現在の国際関係を支配している暗黒の風雲、この二つの矛盾こそが、根本の病原である。[9]」

一九世紀末から二〇世紀最初の一〇年間にかけての欧米では、ハーグ平和会議（一八九九・一九〇七年）などによって代表される世界的な平和運動が活発に展開されたが、それは同時にヨーロッパ列強間の軍拡競争の進展がますます切迫さを増してきた時代でもあった。事実、一九一四年の第一次世界大戦の勃発によって、第三回のハーグ平和会議は中止となる。

上記の引用では、軍備拡大進展の真因は、「近代生活ノ激変ニ伴フ」現代人の心の中に潜む不安解消（「平和」）の要求と、国際関係の不穏な現況との矛盾にあるという。「近代生活ノ激変」、すなわち国民国家の形成に伴う封建的社会関係の急速な解体によって、民衆が陥る心理的な根深い不安は、国内の「平和」を望むと同時に、その阻害要因を国外に求める。このようなナショナリズムによる「平和」と、インター・ナショナルな次元での「平和」は、まったく異なった概念であろう。すなわち、前者は近代的個人の心の「中」、また国民国家「内」の不安を抑える平和であるのに対し、後者は国と国の「際」、人と人の「間」に互いに生み出す平和なのである。

吉野は第一次大戦後に「国際民主主義」を説いて、中国や朝鮮の人々と積極的に対話し、日本の「帝国主義」、とくに軍部の侵略主義を厳しく批判するが、それは前者の「平和」観をしりぞけ、後者の「平和」観にはっきり立脚したことを示している。そこから、次のような平和思想徹底の主張も出てくる。


「平和思想の徹底は、人間の本性を理想主義的方面に立つる人生観とのみ相伴ふものである。人の本性は無限に発展するもの、相信じ相扶け得るものと観るに非ざる限り、本当の平和を前途に期待する事は出来ない。故に平和思想の徹底の為めに吾々の結局に於て努むべき所は、人生問題に対する哲学的研究であり、更に進んでは宗教的情操の涵養でなければならぬ。之に基づかざる一切の平和的論究は、畢竟《ひっきょう》砂上の楼閣に過ぎない。」（吉野作造「平和思想徹底の機正

に熟せり」『中央公論』、一九二二年一月）

人間は本来「相信じ相扶け得る」存在であり、それを実現可能にする人格の無限向上性を有している。これは吉野の「民本主義」論の根底でもある。信頼と協力によって人と人の「間」に生み出される平和こそが、主権の所在問題よりも大事な、デモクラシーの基礎であると吉野は見る。

信頼と協力（対話）によって他者との「間」に平和を生み出し得る存在としての人格を、「哲学的研究」によって深め、「宗教的情操の涵養」によって高めるべきとする吉野の主張は、第一次、第二次の世界大戦と三度のアラブ・イスラエル戦争を直接体験し、生涯にわたって平和を希求したユダヤ人思想家マルティン・ブーバー（一八七八〜一九六五年）の思考にも通じる。(10) ブーバーは、現代人は根源的な危機に瀕していると認識していた。根源的な危機とは、神と隣人への語りかけと応答におけるとらわれのない真率さ、すなわち信頼そのものの危機である。それは戦争がもたらすような危機ではなく、むしろ戦争をもたらすような危機である。このような危機を脱するには、静穏という状態と結びつきやすいパクスとはことなり、生命力が溢れた状態を意味するヘブライ語のシャーロームから発想された「平和」であってこそ可能だと、ブーバーは考えた。

ブーバーと同年生まれで、日中戦争以前に世を去った吉野の宗教的情操によって支えられた信頼と対話による平和という構図は、まさにブーバーを先取りするものともいえる。

## 六　おわりに

吉野の没後、日本の平和思想は、吉野が望んだのとはまったく逆の方向に徹底された。それは国体論の展開をとおして、いままで見てきたとおりである。『国体の本義』的「和」は、わたしたちが完全に捨て去らねばならない「和」である。

では、第二次大戦後の世界の平「和」思想は、吉野やブーバーの望みをすでに達成したと言えるだろうか。それがわたしたちに委ねられた未完の課題であることも言うまでもないが、最後にそのヒントとして、沖縄伊江島に「ヌチドゥタカラの家」という反戦平和資料館を建てられた阿波根昌鴻（一九〇一―二〇〇二）の三つのことばを紹介しておきたい（阿波根昌鴻、一九九二年）。

戦争（殺し合い、奪い合って、瞞し合って生きる人間のこと）。
平和（助け合って、ゆずり合って、教え合って、共に生きる人間のこと）。

平和を語る、では何にもなりません。私たち伊江島の農民は、平和を実践してきました。ここが他の平和運動家とちがうところではないかと思っております。他を責めない（日本人として、真珠湾を攻撃した。我々がアメリカに悪口したりする資格はありません。）三十六年間一度もアメリカの不利不幸になることも悪口もしません。［……］ソ連ともアメリカとも仲よく、ゆずり合って助け合って共に生きる。これを信じ、これを戦後実践してきました。

平和とは人間の生命を尊ぶことです。（「ヌチドゥタカラの家」壁書き）

阿波根のいた沖縄は、戦前は日本の軍隊によって、戦後はアメリカの基地によって、いのちが粗末に扱われ続けてきた。「ヌチドゥタカラ」とは「命こそ宝」という意味である。

**註**

（1）「天壌無窮とは天地と共に窮りないことである。惟《おも》ふに、無窮といふことを単に時間的連続に於《おい》てのみ考へるのは、未だその意味を尽くしたものではない。普通、永遠とか無限とかいふ言葉は、単なる時間的連続に於ける永久性を意味してゐるのであるが、所謂天壌無窮は更に一層深い意義をもつてゐる。即ち永遠を表すと同時に現在を意味してゐる。現御神《あきつみかみ》にまします天皇の大御心《おおみこころ》・大御業《おおみわざ》の中には皇祖皇宗の御心が拝せられ、又この中に我が国の無限の将来が生きてゐる。我が皇位が天壌無窮であるといふ意味は、実に過去も未来も今に於て一になり、我が国が永遠の生命を有し、無窮に発展することである。我が歴史は永遠の今の展開であり、我が歴史の根底にはいつも永遠の今が流れている。［……］まことに天壌無窮の宝祚《ほうそ》は我が国体の根本であつて、これを肇国《ちょうこく》の初に当つて永久に確定し給ふたのが天壌無窮の神勅である。」（『国体の本義』「第一　大日本国体」、「一、肇国」傍線部は筆者。以下同様）

（2）「創造は常に回顧と一となり、復古は常に維新の原動力となる。即ち今と古とは一となり、そこに新時代の創造が営まれる。［……］我が国に於ては、復古なき創造は真の意味に於ける創造ではない。それと同時に創造なき復古は真の復古ではない。たゞ肇国《ちょうこく》以来一貫せる精神に基づく「むすび」こそ、我が国のまことの発展の姿でなければならぬ。」（『国体の本義』「第二　国史に於ける国体の顕現」「五、国民文化」）

（3）「我が国の文化は、肇国以来の大精神の顕現である。これを豊富にし発展せしめるために外来文化を摂取醇化して来た。支那の明時代に著された五雑俎《ござっそ》に、経書のうち孟子を携《たずさ》へて日本へ往く者があれば、その船は必ず覆溺《ふくでき》するといふ伝説を掲げてゐる如きは、凡そ革命思想が我が国体と根本的に相容れないことを物語るものであり、…菅原道真の語といはれる「和魂漢才」なる言葉が一般に行はれたのも、かやうな意味に於てである。」（「第二　国史に於ける国体の顕現」「五、国民文化」）。また、「わが国民性には、この没我・無私の精神と共に、包容・同化の精神とその働《はたらき》とが力強く現れてゐる。［……］この異質の文化を輸入しながら、よく我が国独特のものを生むに至ったことは、全く我が国特殊の偉大なる力である。」（「第二　国史に於ける国体の顕現」「三、国民性」）

（4）『菅家遺誡』第二一章「凡そ神国一世、無窮の玄妙なるものは、敢えて窺ひ知るべからず。漢土三代、周孔の聖経を学ぶと雖も、革命の国風、深く思慮を加ふべきなり」、同第二二章「凡そ国学の要とする所は、論、古今に渉り、天人を究めんと欲すと雖も、和魂漢才にあらざるよりは、その閫奥《こんおう》を闚《うかが》ふことあたはず」。

（5）「これまでの歴史においてどの大文化圏も、三種類の知識のうちの或《あ》るものだけを一面的に展開してきた。すなわち、インドは救済の知識と人間の自己支配を可能にする生命的・心的技術、中国とギリシアは教養の知識、西欧は十二世紀初頭以来、実証的な専門科学の労働の知識に、それぞれたずさわってきたのである。けれども、精神のこのような一面的な方向の間の調和および補完への道をひらくべきときがいまや到来しているのである。」（「知識の諸形態と教養」一九二五年。傍点は原著）

（6）シェーラーは、戦争と平和に関する立場を、①心術軍国主義、②心術平和主義、③道具的軍国主義、④道具的平和主義に分けるが、戦前にはドイツ魂（精神）を鼓舞する①心術軍国主義の立場から、そうした心術（エートス）を欠く③の道具的軍国主義を否定していた。彼は、戦後まもなく、②の心術平和主義という精神面での平和を最終の理想としながらも、戦争の火種となる緊張関係が依然として伏在している世界の現状では、道具的武力を肯定せざるを得ないとする、③の道具的軍国主義の立場に立つようになる。

（7）「和は如何なる集団生活の間にも実現せられねばならない。［……］国の和が実現せられるためには、国民各々がその分を竭《つ》くし、分を発揚するより外はない。［……］夫々《それぞれ》の立場による意見の対立、利害の相違も、大本を同じうするところより出づる特有の大和によつてよく一となる。すべて葛藤が終局ではなく、和が終局であり、破壊を以て終らず、成就によつて結ばれる。ここに我が国の大精神がある。[……]か丶る我が国の和の精神が世界に拡充せられ、夫々の民族・国家が各々その分を守り、その特性を発揮する時、真の世界の平和とその進歩発展とが実現せられるであろう。」（「第一　大日本国体」「四、和と「まこと」」）

（8）「我が国の和は、各自その特質を発揮し、葛藤と切磋琢磨とを通じてよく一に帰するところの大和である。特性あり、葛藤あるによつて、この和は益々偉大となり、その内容は豊富となる。又これによつて個性は弥々伸張せられ、特質は美しきを致し、而も同時に全体の発展隆昌を齎すのである。[……]而してこの和は、我が国の武の精神の上にも明らかに現れてゐる。[……]この武は決して武そのもののためではなく、和のための武であつて、所謂神武である。[……]その武は、万物を生かさんとする武であつて、破壊の武ではない。即ち根底に和をもち生成発展を約束した葛藤であつて、その葛藤を通じてものを生かすのである。[……]戦争は、この意味に於て、決して他を破壊し、圧倒し、征服するためのものではなく、道に則《のっ》とつて創造の働《はたらき》をなし、大和即ち平和を現ぜんがためのものでなければならぬ。」（「第一　大日本国体」「四、和と「まこと」」）

（9）「近世ノ軍備。其ノ当然ノ結果タル拡張ノ必要。此二ツノ者ハ必竟《ひっきょう》表面ノ症状ニ過ギヌ。然ラバ其病根ハ何処ニ伏スルカト云フニ、現代社会ノ或ル矛盾デアル。即チ一方ニ於テハ、近代生活ノ激変ニ伴フ安固平寧秩序ノ要求、換言スレバ現代人類ノ中心ニ潜ム熱烈ナル平和ノ要求。他方ニ於テハ、現今ノ国際関係ヲ支配スル暗澹《あんたん》タル風雲。此二者ノ矛盾ガ、即チ根本ノ病源デアル。」（「近世平和運動論」第三章　軍備制限問題）

（10）ブーバーは、たんに戦争がないという消極的な「平和」に対し、鉱石が火の中に入れられるように人間のもろもろの情熱や力がそこに入れられ、溶けて変貌し、諸民族が闘い合う以上の力強さで互いに建設的な行為をし合う「大平和」という考えを提出した（『真の対話と平和の可能性』一九五三年）。

**参考文献**

阿波根昌鴻『命こそ宝　沖縄反戦の心』（岩波新書、岩波書店、一九九二年）

# 第七章　中国の「通」思想

柳生　真

## 一　鯀と禹の治水

古来より、人間は自然界の現象を観察し、自分たち自身の存在と生活を省察して、人間の個人と社会、および自然の望ましいあり方を洞察した。そこから数々の思想や哲学が生まれてきたが、そうして生まれた思想の一つが「通」である。

通がなぜ善であるかを考えるためには、はるか古代にさかのぼって、古代人の精神世界を垣間見る必要がある。

農業社会であった東アジアの人々にとって、水、とりわけ河川は人々の命綱であったと同時に、洪水などの災害の源でもあった。中国の「大禹治水」の故事は、水と人々の共存と格闘の歴史から生まれたもので、「通」思想の原型を示すものといえる。

はるかな昔、天にも届きそうな洪水が人々を悩ませたことがあった。これをうまく治められる者はいないかと堯《ぎょう》帝が臣下たちに質問したところ、皆が「鯀《こん》ならよいでしょう」と推薦した。そこで堯は鯀を任命したが、九年かかっても洪水を治められなかった。

『山海経』という書物によれば、鯀は「息壌」という自己増殖する不思議な土を使って洪水をせき止めようとしたという。

老いた堯は、自分の臣下として実績を重ね、有徳者としても広く知られていた舜《しゅん》に位を譲った。その舜が即位後に国内を巡察してみると、鯀が治水に失敗していたことがわかったので、舜は鯀を羽山の地に追放した。鯀はそこで死んだ。

『山海経』という書物によれば、鯀は「息壌」という自己増殖する不思議な土を天帝から盗み、それを使って洪水をせき止めようとしたという（そのため、天帝の命令をうけた祝融に殺されたという）。

舜は、鯀の子である禹に治水の事業を継続させた。禹は父の失敗の反省から、水を囲い込んでせき止める方法ではなく、高い所から低い所に流れる水の性質を利用して、地形に沿って川筋を切りひらき、水を低い土地に導いて海に流す方法をとった。こうして、禹はついに治水に成功した。

この物語で鯀のとった「せき止める」と禹の「切りひらき、導いて流す」やり方は対照的である。自然の勢いに反して水をせき止め、押しとどめる方法が失敗し、自然の勢いに従って通す方法が成功したというこの故事は、人為でもって自然と対抗するよりも、自然の勢いや筋道をよく見極め、これに沿いながら、なおかつこれが人間にとって最適化されるように導くことをよしとする「通」の思想・価値観を生んだ。

## 二　『易経』――「変通」の思想

このような「通」を重んじる価値観を哲学にまで高めたのが『易経』である。古くは『連山』『亀蔵』『周易』の三種類の易が存在したとされるが、現在まで伝わって広く行われているのはそのうちの『周易』である。

易経は「窮すれば変ず。変ずれば通ず。通ずれば久し」（繋辞伝）と、変化しなければ行き詰まり（窮）、行き詰まりから変化（変）すれば（窮状・難局を）打開（通）する道が開け、打開できれば長続き（久）することを示し、またその手がかりを指し示すものである。

伝説によれば、はるかな昔、伏羲（包戯・太昊氏とも）という聖人が天地万物を観察して抽象化し、それを⚋（陰）と⚊（陽）の二つの記号で表した。この記号を縦に三つ重ねて八卦を描き、さらに八卦を二つ重ねて六十四卦を作り、万物の状態や変化を表すことを考えた。これが「易」の始まりであるとされる。

易は占いの道具であるだけでなく、開物成務――物を開発して務めを成功させる――ものとされる。その発明者である伏羲自身が八卦から着想を得て網を発明して、人民に狩りと漁を教えたし、彼の後に現れた神農・黄帝・尭・舜・禹といった聖人たちもまた、それぞれの卦のかたちをみて、さまざまな文物制度を発明して民の生活を便利にし、道徳を教えて、人間社会に秩序をうち立てたといわれる。

易の考え方では、万物は陰と陽という二つの要素からなる。⚋だけからなる坤☷は地を象徴し、⚊だけからなる乾☰は天を象徴する。それ以外の卦は⚋と⚊の両方を含んでいるが、それはさまざまな事物、森羅万象が、陰陽の氣が通い合い、混じり合って生じることを表しているとされる。

易の六十四卦のうち最もめでたい卦とされる「泰」卦は、坤☷（地）が上、乾☰（天）が下にあるかたちなので「地天泰䷊」と呼ばれる。つまり天地が上下逆さまなのに、それが吉とされるのは、天の氣が下から上に昇り、地の氣が上から下に降って天地が通じあい、その間で万物が育まれるさまを表しているからである。

ここで、山から水蒸氣がたちのぼって雲になって雨を降らせ、草木が潤いと活氣をとりもどす光景や、あるいは、上司が部下の意見や主張、提案によく耳を傾けてそれを活かし、上司の指示や提案に部下がよく従う組織を想像してみよう。泰の卦が象徴しているのは、まさにそういうイメージである。

それに対して、乾（天）が上、坤（地）が下になった「否」卦（天地否䷋）は、一見すると天地がそれぞれ正しい位置にある理想的な卦にみえるが、易経の中でもきわめて不吉な卦の一つとされる。なぜなら、それは天の氣と地の氣が不通になって万物が育たないさまを表しているからである。自然界でいえば、抜けるような青空で太陽が照りつけているが、実は何か月あるいは何年も雨が降らず、大地がカラカラに乾ききって、草も木も人も動物も息絶えようとしているような光景であり、人間社会で言えば、上下の間には極めて厳しく整然とした秩序が存在するが、リーダーとメンバーの間におよそ交流や疎通がなく、上司は部下の言うことに耳を傾けず、部下も上司の指示をまともに実行しないために行き詰っている組織というイメージである。

泰卦と否卦の対比に典型的にみられる「通」重視の思想は、東洋思想において、後世までさまざまな方面で影響を及ぼすことになった。しかし、秦漢以後の中国では君主権力が次第に強化されてゆき、特に宋・元・明・清に至って専制権力が絶頂に達した。君主権力は自らの権力を制約する民本主義や通の思想に対して否定的・抑圧的にならざるを得なかった。中国で通の思想が再び注目され、思想、哲学上の問題として浮上してくるのは強い外敵の脅威にさらされた時であった。

## 三　黄宗羲の『明夷待訪録』

時は崇禎一七年（一六四四年）、李自成率いる「大順」軍が北京を陥落させた。この時に崇禎帝は紫禁城の裏の景山で自決し、ここに明王朝は滅亡した。山海関を守護していた将軍呉三桂は清軍を導き入れて大順を亡ぼし、清の皇帝が紫禁城の主となった。この事件は「通」の思想を発展させる契機となった。

黄宗羲（一六一〇～一六九五年）は浙江省の余姚で生まれた陽明学者であるが、清の軍隊が南下してくると郷土で義勇軍を組織したこともある。また、中国南部で明の皇族を擁立して成立していた、いわゆる「南明」諸政権の一つである朱以海（魯王、一六一八～一六六二年）の政権に参画し、江戸時代の日本に渡って徳川幕府に援軍を要請したこともある（日本乞師）。このような清への抵抗と明朝復興の運動がすべて挫折した後、彼は故郷に帰って研究と著述に専念する日々を送り、考証学の祖となった。そして考証学者としての博識を惜しんだ清朝の出仕要請も断り通して、明の遺臣として生涯を終えた。清朝への抵抗運動と明朝の復興に半生を捧げ、そして挫折した黄宗羲は、「明朝がなぜ滅んだのか」を考え続けた末、一冊の書を著した。『明夷待訪録』がそれである。

そもそも「明夷」とは易の卦名の一つで、坤☷（地）が上、離☲（火を象徴する）が下になり、光明（火）が地中に埋もれていることを表しており、暗黒時代に賢者がその明知を隠して野に潜んでいることを象徴する。歴史的には、殷の末期、紂王が暴政を行っていた時、周の諸侯西伯（のち文王に追尊される）が幽閉されて、身を慎み、徳を修めながら、紂王の嫌疑を避けたり、賢者の箕子が発狂したふりをして己の聡明を晦《くら》ましたりした故事になぞらえられる。

その後、西伯の子（武王）が易姓革命を起こして殷を滅ぼすと、その後天下をどう治めるべきか質問するために箕子のもとを訪れた。すると箕子は、武王に政治の大法である洪範九疇を授けて政治の大道を説いた。

黄宗羲はこの故事を踏まえて、あえて自らを箕子になぞらえ、いずれの日にか出現するであろう、満州族の清朝が支配する暗黒時代を打破する名君のために、この書を著したのである。

本書の中で彼は、明代の政治や人物は漢や唐王朝と比べてそれほど劣っていたわけではないが、明王朝が君主の専制権力を絶対化する反面、臣下を卑しめて法制で束縛したために、才能ある人間も能力を全うできなかったと総括した。

陽明学の流れをくむ黄宗羲は、個々人の心の中で、「意」が羅針盤のように方向性を与えると考えていた。「喜怒哀楽」、つまり個々人の心情をこの「意」によって「造化」「家・国・天下」といった世界全体へと「通」じさせなければならず（「格には通の義あり」）、その時初めて本来あるべき秩序や倫理性が実現されるという。「仁義礼智」といった「理」（善）も、そうして「通」じた結果として生まれてくる（「後に起るの名」）とされるのである。しかし、個々人の心の中に「意」という羅針盤があるとしても、それをそのまま放置しておけば心情が勝手に全世界に通じるわけではなく、民の意志を望ましい形で通じさせる「法」が必要だという。黄宗羲が「先王の法」と呼ぶすぐれた法は、人々の「意」のはたらきを阻害しない。だから善良な人間の意志は必ず行われ、邪悪な人間の意志は、厳重な法の網に阻止されて天下に害を及ぼすことがない。そして、そのような法がまずあってこそ人治も成り立つのである。それはいわば「天下を天下に蔵する」すなわち天下の人々に天下の利益を享受させるものであって、山川に産する天然資源を根こそぎ取って枯渇させたりしないように配慮するし、朝廷・政府をことさら貴ばず、在野・民間をことさら貶め卑しめることもないものだった。

ところが、後世の「法」なるものはそうではなく、いわば天下をカゴや小箱〈筐篋〉に貯蔵しておくようなもので、利を下に残しておくこと〈遺〉を欲せず、福は必ず上に吸い上げよう〈斂〉と欲するものである。言い換えれば、法が天下を権力集団の私物、利権を吸い上げる道具になったのである。

黄宗羲は『明夷待訪録』において、「君亢《たか》く臣卑《ひく》」く、人々の「喜怒哀楽」が「通」じず、その結果として滅亡に至った明朝の法制度に代わる「法」、すなわち専制権力を牽制し、人々の「喜怒哀楽」を通じさせる全面的な改革構想を提示した。具体的には、軍事力・経済力および人事権が極度に中央に集中した明朝の制度に代わって、「方鎮」を辺境の各地に設置することを提唱した。方鎮とは高度の自治と領域内の人事権、そして相応の軍事力を持ち、経済的にも自立した行政区域であり、国境守備の実をあげるべく富強につとめることが期待されている。

黄宗羲がこのような「方鎮」を構想した時、もしかしたら彼が江戸時代の日本で実見した各大名の藩のことを思い浮かべていたかもしれない。

しかし、徳川幕藩体制が構築したのは、各大名を相互に監視させ、対立させることで諸藩が連合して徳川将軍家に反抗することを防ぎ、専制支配をより強化・安定化する仕組みであった。これに対して、黄宗羲の構想は、中央の朝廷が方鎮の国防状況を監督・監視しながら各方鎮の間で対立や併呑が生じないよう調整する一方、朝廷のほうも、方鎮の強大な軍事力を警戒して権力の乱用を抑制するという、朝廷と方鎮の相互牽制・勢力均衡を企図したものであった。

さて『明夷待訪録』の中でも、人々の喜怒哀楽の情を通ぜしめ、「通」の政治を実現する要であり、また黄宗羲の「法」思想全体を支える中核にあたるものが、中央と郡県、すなわち各地域にも設置される「学校」の制度である。この「学校」は学習だけでなく、政治の得失を議論する場でもある。

「郡県では、朔望に大々的な一地域〈一邑〉の縉紳士子の会合を開く。（そこでは）学官が学を講義し、郡県官は弟子の列に加わって北面再拝して、師弟はおのおの疑問点について互いに問い質す。出欠簿〈簿書〉をつけて定期会合〈期会〉に参加しない者を罰し、郡県官の政治の誤りについて、小さいものは糾弾〈糾繩〉し、大きいものは太鼓を打って会衆に公開する。」

（「学校」）

各地域の学校では、一日と一五日（朔望）に地域の士大夫が集まって、学官の講義を聴くようにする。郡県の官員も学生の席について弟子の礼をとり、師弟がそれぞれ質疑応答するが、出席簿をつけて、定例の会合に参加しない者には罰則が加えられる。また郡県官員の失政のうち、些少なものは糾弾・批判し、重大なものは太鼓を打ち鳴らして会衆に告示するというのである。

先に見たように、黄宗羲は、先王以後の帝王が「天下の利害の権」、つまり利と害を判定する権限がすべて自分にあるとして、利得はすべて自分たちで独占し、天下万民にはあらゆる弊害を押しつけることを批判したが、「学校」は、帝王のそのような専横を防止する装置でもある。

「天子の是とするところが必ずしも是というわけではなく、天子の非とするところが必ずしも非というわけではない。（そこで）天子もまた遂に敢えて自ら是非を決めず、その是非は学校において公に（決定）する。」（「学校」）

天子（皇帝）が「よろしい」と言うことが実際は必ずしもよいことである訳ではないし、「いけない」と言ったことが必ずしもいけないとは限らない。だから天子自ら是非を断定せず、「学校」で公に行われる議論に判断を委ねるということである。そうしてみると彼の言う「学校」は近代国家の議会に似た権能を持つことになる。

このような「学校」の制度は、人民の「意」を政府の中に注入し、人々の心情・要求（喜怒哀楽）を政府に通じさせて、彼の考える全体の秩序、体制の精神を絶えず確認・発揚させるためのものとして構想されている。黄宗羲の「法」の構想は、彼の心学を現実化・具体化させ、「通」の政治を制度化したものだったのである。

しかし現実には、中国をおよそ三〇〇年支配した清王朝は、明に負けず劣らずの専制支配を行った。専制政治を痛烈に批判しつつ、それに代わる制度案を提示した『明夷待訪録』は、著者の黄宗羲が反清運動に身を投じた経歴の故もあって危険視され、禁書の列に加えられた。

ところが一九世紀に入り、列強の帝国主義の魔手が東アジアにも及んで、既存の体制ではこれに対抗・阻止できないことが明らかになるや、開明的知識人たちは、西洋近代の民主主義思想や立憲政治、議会政治の導入も含めた抜本的な変革が必要だという認識に達した。その時、黄宗羲の『明夷待訪録』はこれを何百年も前に予見した書物として、ふたたび日の目を見ることになったのである。

## 四　清末の啓蒙思想家──「通」の機構としての議会

一九世紀の清朝は、阿片の蔓延と、阿片の代価として支払われる銀の海外流出に悩んでいた。朝廷より欽差大臣を拝命して広州に赴いた林則徐（一七八五～一八五〇年）は徹底した阿片取締を行い、西洋商人に誓約書を出させ、阿片を没収して処分したことで知られているが、実はそれとともに諸外国に関する情報収集も熱心に行っていた。阿片貿易を禁圧されたイギリスが仕掛けた阿片戦争（一八四〇〜四二年）で清が敗北すると、林則徐は開戦の責任を問われて新疆の伊犁《イリ》に左遷されたが、魏源（一七九四〜一八五七年）が彼から託された資料を土台に、歴代の史書や明以来の『島志』なども参照して『海国図志』を編纂した。この書は世界各国の地理・歴史・政治体制・経済・宗教・暦法・文化・物産について記述し、あわせて国防問題や時弊の改革について論じたもので、「夷を以て夷を攻め、夷を以て夷を款す」「夷の長技を師として以て夷を制す」というスローガンによってよく知られている。

魏源も、そしておそらくは林則徐も、イギリスをはじめとする欧米列強がこれまでの中国の歴史上に現れた「夷狄」とはまったく異質な存在であることを感じていた。それゆえ、それに学ばずして列強の侵略を防ぐことはできないと考えた。

魏源は『海国図志』の中で、イギリスの議会制度を次のように紹介している。

「国内に大事があると、王及び官民は倶に議事堂〈巴厘満衙門〉にやってきて、すぐさま公の議論〈公議〉が行われる。大事があれば集会して議論し、各人が自分の意見を述べる。その国内の貴族を五爵といい、国中の公・侯・伯・子・男爵といった人々が会議の主要構成員となる。さらに都市〈城邑〉の住民も、各々忠義の士を一人か二人選んで京（ロンドン）の会議に赴かせる。国王が徴税や徴発〈納餉〉を欲する場合は、必ず紳士（議員）の認可に従う。もし紳士に認可されなければ、国民に税金や物資を納めさせることはできない。紳士が私見に執着するならば、しばらくの間議会を解散して、別に賢士を択ぶ。もし時代に応じて改革〈変通〉すべき事があれば、庶民はその中でも緊要なものを選び、慎んで五爵・郷紳の前に差し出して提議〈稟〉する。大衆（議員）が可決すればそれは可ということになり、大衆が否決すればそれは否ということになる。」（『開国図志』三）

「巴厘満」（Parliament）、すなわち議会は、国の大事を議論する場であり、国王の決定も議会での「公議」を経なければならないとされた。議会が国の大事を議論する機関であり、なおかつ「国王……倘し紳士、允《ゆる》さざれば、即ち国民に銭糧を納めしむるを得ず」、「大衆可なれば則ち之を可とし、大衆否なれば則ち之を否とす」というように、それが君権を制限する機関である点や、君権に対する民権の強さも正しく認識されていた。

儒教には古来「民を貴しと為す。社稷之に次ぐ。君を軽しと為す」（『孟子』尽心下）というような民本思想があったが、近代的な議会制度は、従来の儒教文化圏にはなかった、民意を抽象的な「天」「天命」などの媒介なしに制度によって具体化するものとして、知識人たちに大きな衝撃を与えたことは間違いない。

阿片戦争以後、内憂外患によって中国の危機がいよいよ深まると、中国の先進的な知識人たちは、儒教に内在する民本思想を通して西洋文明の議会制度を解釈した。そして、西洋においては儒教の理念が制度として具体化されている反面、中国ではそれが形骸化している。西洋が富強で中国たちが貧弱なのはそのためである。故に我々もそれを採り入れなければならない、という議論を展開した。

議会制度導入論においては、孟子的な民本思想以外に『易経』の通の思想も援用された。たとえば、啓蒙思想家で実業家でもあった鄭観応（一八四二～一九二二年）はこう述べる。

「けだし上下が交われば、すなわち泰であり、交わらなければ否である。天は民を生じ、その君を立てるが、「君はちょうど舟のようなものであり、民は水のようなものである。水は舟をのせることができるが、また舟をくつがえすこともできる」（『荀子』「哀公」）かの古より、盛衰治乱の要は、総じていえば、これにつきる。まして今日、天下の大勢は、列国が通商し、それを拒絶しがたい勢いである。そうだとすると、（万国）公法によって規正せざるをえないが、公法を依拠するに足るものとするためには、まず議会〈議院〉を設立し、民情を上達させなければならない。そうしてこそ初めて国威を拡張し、侵略〈外侮〉を防ぐことができるのである。」「議院がなければ、君民の間は勢い阻隔することが多くなり、志は必ず相反し、力は権限によって分かたれる。……（議院＝議会があれば）君民相和し、情誼は互いに通じ合う……上下一心、君民一体となる。」（『盛世危言』）

つまり列強が「強」であるゆえんは、易の「泰」卦に示されているように、議会によって上下が交わり、君民の情が通じ合っているからである（逆に言えば、中国が弱いのは、易の「否」卦に示されているように、上下が通じず隔絶しているからである）。

このように、議会の機能を、行政府と立法府、または与党と野党の相互牽制にではなく、上下の情を「通」ぜしめて君民間の「阻隔」をなくし、上下一心・君民一体となることに求める議論は、鄭観応と同時代の啓蒙主義者の王韜・陳熾・何啓・胡礼垣などにも広くみられるものであった。

厳復(一八四二〜一九二二年)はさらに一歩を進めて、「古今民権を唱道するもののなかに、『民為重、社稷次之、君為軽』という三つのことばより重い言葉があるのか、おそらくなかっただろう」と述べて『孟子』の一節に最も優れた民権の理念がみられると評価した。しかしその一方で、現実には中国の専制政府が民をコントロールすることのみを目指した結果として、人と人との間、地域と地域の間に公共意識が育たず、各々の私利のみを顧みて「国中の民は公徳とは何かを知らず、愛国ということばを知らない」と述べて、政権や政府だけでなく、民衆の意識の問題をも指摘した。

知識人たちは、外部からの衝撃を受け危機への対処を模索するなかで古典にあった通に手がかりを見いだしていったといえよう。一つは満州族清朝による中国の征服であり、さらにそれを遙かに凌駕する外圧である清末の西洋の衝撃であった。しかしここまでの中国の近代化を模索する思想的営みは、専ら中国の中での通にとどまっていた。中国が東アジアにおいて巨大な帝国としてあり続けてきたことが、こうさせたのであろう。しかし西洋のものはもともと中国にあったものであると強弁する中体西用的な対応では、もはや事態に対処できなくなっていた。ここに中国を超えた通の思想、哲学が必要とされるに至るが、それが次に述べる譚嗣同の『仁学』である。

## 五　譚嗣同の『仁学』——「通」の哲学を提示

清末に多数輩出した思想家の中でも、特に「通」を思想的に深めたのは譚嗣同（一八六五～一八九八年）である。譚嗣同は十歳の頃から師について科挙の勉強を始めたが、科挙の学であった朱子学よりは魏源・龔自珍（一七九二～一八四一年）のような今文経学者の著作や、王夫之（号は船山、一六一九～一六九二年）の『船山遺書』、『墨子』『荘子』などを好み、また算学や自然科学を学ぶとともに、回族の武術家・侠客の大刀王五（本名は王正誼）から剣法を習った。譚嗣同三〇歳の一八九五年、日清戦争で清朝が敗北して下関条約（馬関条約）が締結されたことに痛憤して、腐敗した因循姑息な王朝国家体制を変革する変法を主張するようになった。そして「新学」を唱道して南学会を設立し、雑誌『湘報』を発行するなどして精力的に活動した。一八九六年、北京に赴いた彼は梁啓超（一八七三～一九二九年）、翁同和（一八三〇～一九〇四年）などの変法派人士と交友を結び、『仁学』の執筆を開始した。一八九八年六月、康有為（一八五八～一九二七年）らが主導して戊戌変法と呼ばれる改革運動が開始されると、譚嗣同も光緒帝の招きに応じて軍機章京の官に任ぜられ、変法派指導者の一人となった。

ところが同年九月には、旧守派の西太后（慈禧太后）が政変を起こして光緒帝を幽閉し、変法運動を瓦解させると、変法派は追われる身となった。康有為、梁啓超などは日本に亡命するなどして生き延びたが、譚嗣同は変法改革に殉じる覚悟を決め、「各国の変法は血を流さずして成ったためしはないが、今日の中国では、未だ変法のために血を流した者がいることを聞かない。……請う。嗣同より始めよ」ということばを残し、九月二十一日、林旭（一八七五〜一八九八年）、楊深秀（一八四九〜一八九八年）ら五人の変法派人士とともに北京宣武門外の菜市口で処刑された。享年三三歳。世の人々は彼らを「戊戌六君子」と呼んだ。

譚嗣同は、『仁学』の中で、彼の変法自強運動の裏付けとなる、仏教・儒教・道教・キリスト教・墨子・自然科学を融合させた「通」の哲学を展開した。

彼によれば、この宇宙には、物質でもありエネルギーでもあるような不生不滅の「以太」というものがあまねく充満しており、それがあらゆる哲学・思想・宗教と通じる媒介の役割を果たして「通」が実現されるのだという。それどころか月と地球が離れていかず、金星・水星・火星・木星・土星・天王星・海王星といった太陽系の星々やその他の天体が散り散りになってしまわず、一つの「華厳世界」を形成しているのも、これまた以太のはたらきであるという。

「以太・電・心力とは、すべて通ずるゆえんの具を指したものである。」（『仁学』原理：一）「遍法界・虚空界・衆生界には、至大で、精微で、貼りつかないところがなく、浸さないところがなく、絡みつかないところがなく、充満している一つの物がある。目で色を見ることができず、耳で音を聞くこともできず、口で味わい鼻で匂いを嗅ぐこともできないので名づけようもないが、これを「以太」と名づける。そのはたらき〈用〉の顕れを孔子は「仁」「元」「性」といい、墨子は「兼愛」といい、仏陀は「性海」「慈悲」といい、イエスは「霊魂」といい、「人を愛すること己の如くせよ」「敵を視ること友の如くせよ」といい、科学者は「愛力」「吸

力」というが、すべてこの物のことである。」(『仁学』一：一)

この「以太」とは、古典物理学において、宇宙空間に充満する、光や力を伝える媒質として想定されていたエーテル(ether, aether)のことである。

譚嗣同は、一八九六年上海に遊学して「西人格致」すなわち西洋の自然科学を学んだ。特に、他の宣教師から科学教の宣教師とまで呼ばれていたイギリス人宣教師ジョン・フライヤー(傅蘭雅、John Fryer)からは、キリスト教の教義と自然科学の知識の両面で多大な影響を受け、フライヤー訳の『治心免病法』(宗教心理学、ヘンリー・ウッド著)を通してエーテル概念と出会った。原著では少し言及されているだけのエーテルに、訳者によって、詳細な解説と霊的な意味が付与されていた。それが中国思想の「氣」や仏教の華厳・唯識と相通じるとみた譚嗣同は、宋の張載(横渠)の「太和」説、清の王夫之(船山)の「聖人の氣」が多数の賢人を分ける説、そしてキリスト教の「霊魂」「永生」の説、仏教の「輪廻」の説なども以太＝エーテルにおいて相通ずると主張したのである。

譚嗣同は『仁学』本文の最初に、仁学の二十七箇条の原理(仁学界説二十七界説)を提示し、その中で「通」について「通の義は『道は通じて一為《た》り』(『荘子』「斉物論」)というのが最も包括的である」と述べた。「平等とは一を致すの謂いである。一であれば則ち通である。通ずれば則ち仁である」「通のありよう〈象〉は平等である」「仁と不仁の区別は、通と塞とに分かれる。通・塞の本は、ただその仁と不仁による」、つまり「一＝平等＝仁＝通」である(仁についての詳細は十〜十二章を参照)。

また「仁を識らない故に名を乱す。名が乱れる故に不通」であるというように、多種多様な差別や序列の「名」を設けることすなわち不仁であり、不通・塞なのである。「仁は天地万物の源」であるから、不仁・不通・塞であることは根源からの逸脱を意味する。

「通」には「中外通」（中国と外国の通）、「上下通」（上下身分の通）、「男女内外通」（内外＝夫婦の通）、「人我通」（自己と他者の通）の四つの意味が含まれるという。彼はこうした観点から、伝統的儒教理念や古い中国社会の弊害を指摘し、「通」にもとづく社会改革を主張した。また中国を越えた外国との通（中外通）の原理にもとづいて、「通商は相仁の道である」として産業の育成と交通（鉄道）の整備を説き、海禁政策は「不通」であるがゆえに「不仁」であると指摘して、外国に対する門戸開放と開国通商すべきことを論じている。

さらに注目されるのは、彼が「孔教」（孔子の教え）と、所謂儒教とを分けた点である。譚嗣同の考えでは、孔子は万民・万国が平等な大同の世の建設を目指していた。ところが後世の帝王は、天下の支配権を握ると孔子の教えまでも奪い取った。荀学（荀子の学）の輩（儒教徒）は彼らに媚びて、三綱五倫などの「名」を構築し、煩雑な身分秩序と倫理道徳で下の者を縛り上げた。彼らはそうやって孔子の教えを覆い隠し、目下の者を押さえつけ、支配者層が特権を享受する、いわばイデオロギー装置を作ったというのである。

「それゆえ常に思う。（中国の）二千年来の（歴代王朝の）政は秦の政であり、（歴代の皇帝は）皆大盗賊である。二千年来の学は皆郷愿《きょうげん》（人格者のように見えるが、どんな人間にも愛想よくして媚びる輩）であると。ただ大盗賊が郷愿を利用し、ただ郷愿が大盗に媚びてきたにすぎないのである。」（『仁学』一：二九）

譚嗣同は「鉤を竊《ぬす》んだ者は誅《ころ》され、国を竊《ぬす》んだ者は（諸）侯になる」という『荘子』「胠篋」の一節を引用しながら、奇渥温《キヤン》（元の国姓、蒙古《モンゴル》族）や愛新覚羅《アイシンギオロ》（清の国姓、満州族）のような異民族までもが、中国に攻め込むとそのイデオロギー装置を盗み取り、彼らが皇帝となり支配階層を形成するや、中国人は彼らを天のように崇め奉ったと指摘した。

また家庭内においても「君臣の災いがはなはだしいために、父と子、夫婦の人倫もこれによってそれぞれ名分と権勢で押さえつけるのが当たり前と思われるようになった。これはすべて三綱の名分がもたらした弊害である」という。譚嗣同によれば五倫のうち父子（親）・君臣（義）・男女（別）・長幼（序）は三綱に引きずられて不平等なものになっているが、朋友の信だけは平等な関係なので、「四倫は朋友の道で一貫しているから、四倫は捨ててもよい」、「凡そ朋友の人倫一つのみが尊ばれた後にこそ、かの四倫は捨てずとも自然に廃棄される。また、四倫は当然捨てるべきことが明らかになった後にこそ、朋友の権利と力が初めて強まる」と強調した。

譚嗣同はまた『易経』の「革は故を去るなり。鼎は新を取るなり」（「雑卦伝」）「日新これを盛徳と謂う」（「繋辞上」）を引用しながら、「孔子の言う『過ちを改める』、仏の言う『懺悔』、キリストのいう『認罪』は新たにする謂いである。孔子のいう『已まず』、仏のいう『精進』、キリストのいう『神〈上帝〉の国は近づいた』は新たに、また新たにするの謂いである」、「新とはそもそも諸教の公理にほかならない。徳は新たにすることをよしとする」と繰り返し述べて「好古」（古を好む）ことを斥け、「日に新た」（日新）を強調した。

伝統的な経典解釈では、「日新」とはあくまで個人が日々徳行を修めるとか、あるいは封建的な上下関係を前提として、君子の徳で愚昧な民を教化・徳化・感化するということを意味していたが、譚嗣同はまったく新しい解釈を加えた。彼のいう「新」とは、「諸教に共通の原理」である。つまり社会や諸宗教の原理でもあり、また個人と社会の因習・陋習を超越する意味を含んでいて、変革・変法と繋がるものであった。そのうえ、「草木が新たにならなければ、豊かに大地を覆うものはなくなる。血氣が新たにならなければ、経絡は絶える。以太が新たにならなければ、三界の万法はみな滅ぶ」というように、日新は宇宙全体の原理原則でもあったのである。

彼はこうした「新」の論理と思想に基づいて、中国と外国、上下の身分、男性と女性、自己と他者の間にあった不平等・不均衡な秩序、支配／被支配の抑圧的な関係を打破して両者の間を「通」ぜしめ、中国社会二千年来の規範と秩序を刷新することに、その身命を捧げたのであった。現在において中国を超えた東アジアの共通善を考える時、譚嗣同の「仁は通なり」「通は仁なり」という哲学は再び照明を当てられる必要があるだろう。

**註記**

本章は李暁東「立憲の中国的論理とその源泉」『政治思想研究』第一三号（政治思想学会編、風行社、二〇一三年五月）、「「通」で読む中国の政治思想」（岡山大学キャンパス・アジア「東アジアの共通善」伝統思想部会研究会発表論文、二〇一五年七月一九日）を参照した。

# 第八章　韓国の「通」思想

柳生　真

## 一　はじめに

韓国では通の思想は歴史上多々みられる。これは中国のような専制権力が成立せず、君主と臣下との合議に基づく政治運営が古くから発達してきたことが原因であろうし、中華帝国の存在により、他者との共存を、生存戦略としていやおうなく意識せざるをえなかったためでもあろう。

記録上には古く新羅の和白会議などがある。和白の白は、申し上げるという意味であり、君臣間において言葉で議論をして和に到達し決定をしていくというものである。李氏朝鮮王朝は韓国史上最も王権が強化された時期とみられるが、その時期においても宰相中心主義的な意志決定が優位を占めるようになり、国王も臣下たちも共に民本主義を自己主張の根拠としていたため民本主義は根深く定着していった。民本主義、民と通じることを原理として国王、有力臣下たち、さらにソンビ（선비）と呼ばれる、官職についていない在地の文士たちが、しばしば声を揃えて国政に上疏文（万

言上疏）をあげている。また英明な君主は、無実を訴える民が王宮の前の太鼓を打ち鳴らして国王に訴え出ることも認めた。こうして李氏朝鮮王朝では、限定的とはいえ一般大衆レベルまで国政に参加可能になっていた。

　現代韓国においては、労働者や大学教授、各種知識人や学生たちがしばしば時局宣言を行い、権力批判を繰り広げている。この時局宣言は現代韓国政治の顕著な特徴であり、日本や中国にも見られないものである。さらには野党側の政治家たちも加わり、街頭に出て主に夜にろうそくをもって行うデモ、「ろうそく集会」は韓国政治の風物詩となっている。韓国では政治の舞台は議会と大統領府などに限られず、街頭に広がるのである。民の力が拡大した現代社会での通を求める政治の姿といってよかろう。

　なおこうして君主と臣下たち、官職にない文士（ソンビ）たち、一部の民たちとの言論闘争においては、国王権力が最終的な権威となりえないため、国王を超えた超越的な権威として、人格神としての天が前面に現れてくる。こうして天と通じることも必要となるが、これは今後の課題としておく。しかしただ一点、これまた東アジアにおける韓国社会の顕著な特徴になっている「良心宣言」の存在に触れておきたい。韓流テレビドラマでもしばしば目にするものであるが、自己の心の中の天＝神＝良心の声に従い、不利益を被る可能性が強いにもかかわらず、不正の告発を行うのである。伝統的な人格的天と一七世紀から流入してきたキリスト教の融合した影響がありえるが、現代韓国社会で、人格宗教であるキリスト教が、キリスト教会に行ったことがない人はいないといわれるほどまで浸透しえたこと自体が、伝統思想における韓国独自の人格的天の存在なしにはありえないであろう。日本では近年の「内部告発」がこれに近いが、内部告発者の良心の宗教的な裏付けは、韓国の良心宣言との対比でいえばやや弱いようである。

さて韓国儒教史を学んだ者たちには、通といえばすぐに代表的な朱子学者の李栗谷《イユルゴク》（名は珥《イ》、号は栗谷、一五三六～一五八四年）の「理は通じ、氣は局する」が想起されるが、与えた影響の大きさやその体系性の点で、ここでは韓国仏教の泰斗である元暁と、譚嗣同にも先立ち、氣學と通の思想を東アジアで最も体系的に展開した崔漢綺を代表的思想家としてとりあげる。

## 二　元暁の「和諍会通」の方法

紀元前五世紀頃、北インドで仏教を創めたシャーキャ・ムニ（釈迦牟尼）が入滅した後、仏弟子たちは、修行の拠り所として、師の説法と戒律を文章化する結集《けつじゅう》を行った。ところが、その後数百年の歳月を経て、仏典は膨大な量に膨れ上がった。そこで、これを疎通して仏の教えとしていかに統一的・総合的に理解するかが、完全なる悟りに至る道として、仏教界全体の大きな課題となった。

この問題を解決する方法の一つが、竺道生（三五五～四三四年）・慧観（生没年未詳）・天台智顗（五三八～五九七年）などが提唱した教相判釈である。それは、ごく大雑把にいえば、一切経（すべての仏典）を釈迦一代の説法とみて、それぞれの経を各年代や対象者に配当して体系化したもので、中でも智顗のものが「五時八教説」として特に有名である。また弘法大師空海は、密教の立場から「十住心論」を著して、心の段階を煩悩にまみれた凡夫の異生羝羊心《いしょうていようしん》から、真言密教の境地である秘《ひ》密荘厳心《みつしょうごんしん》までの十段階に分けて、当時の代表的な思想を各段階に当てはめた。

これらはいずれも、修行研鑽を積んだ僧侶が自己の悟りに照らして最高といえる経典・宗旨を頂点に、その下にさまざまな教典や思想を序列化して組み込んだものといえる。

これに対して、韓国の新羅・百済・高句麗の三国が新羅による統一に向かう時期に生きた僧元暁《ウォニョ》（六一七～六八六年）は、「和諍会通」の方法を提示した。

元暁は新羅の真平王三九（六一七）年に押梁郡の仏地村（発智村・弗等乙村とも。現在の韓国慶尚北道慶山《キョンサン》市）で生まれた。俗姓は薛《ソル》で、幼名を誓幢《ソダン》または新幢《シンダン》といった。下級官人の子として産まれたが、十代後半～二十代前半に出家して、仏日を初めて輝かせるという意味で自ら「元暁」と号した。

元暁の生涯はなかば伝説化しており、史実として疑わしいものもあるが、比較的時代が近い文献をみると、彼が定まった師僧につかず独学で仏道を大成したことと、当時は一般的に行われていた入唐留学を行わなかった点では一致している。

元暁は、のちに新羅華厳宗の祖となる義湘《ウィサン》（六二五～七〇二年）とともに入唐を志した。港に向かう途中で日が暮れて、なおも先を急ごうとしたところへ暴風雨に見舞われた。しかし、二人はたまたま土龕、つまり土を掘って仏を祀った祠を見つけて雨をしのぐことができた。

ところが夜が明けてみると、そこが実は古墳で、しかも足元には骨が散らばっていたことが分かった。雨が止まないので仕方なくもう一泊したが、今度は日が暮れるや化け物が現れて、二人をさんざん悩ませた。元暁は「前の晩は何もなかったのに、ここが古墳だと分かったとたんこのありさまだ。これはいったいどういうわけだ?」と困惑したが、その時ふと悟るところがあったという（『宋高僧伝』「義湘伝」による）。

また、よく知られている話では、この時元暁が夜中に喉の渇きをおぼえて、たまたま枕元に水が溜まっていたのをすくって飲むと実においしかった。ところが、翌朝にそれが頭蓋骨に溜まった水だったことが分かると、にわかに嘔吐しそうになった。「何故、夜中に美味しいと思って飲んだ水が、髑髏の水だと分かった途端こうなったのか?」と思った刹那、「一切諸法はすべて一心の変じたところに過ぎない」と悟ったとされる。

いずれにせよ、雨が上がると元暁は「心の外に法はない。そうであれば、どうして外に求める必要があろうか」と言って義湘と別れ、もと来た道を引き返していったという。

その後、元暁は三学（戒学－戒律、定学－禅定、慧学－智慧）に通暁して、国中の人から知恵の深く広いこと、万人に匹敵すると称されるに至り、膨大な量の著述や仏典の注疏を著した。名前が挙がっているものだけで八十六種を数えるが、『金剛三昧経論』『大慧度経宗要』『法華経宗要』『華厳経疏』『大涅槃経宗要』『解深密経疏』『十門和諍論』など二十種類余りが現存している。特に『大乗起信論』の注疏は日本や中国にも伝わり、海東疏と称されて大乗起信論の三大注疏の一つに数えられており、『金剛三昧経論』は一般に元暁の代表作とみなされている。

その一方で、彼は酒場や娼家にも出入りし、刀を佩き鉄の杖をついて公道を闊歩するかと思えば、経典の疏を作り、華厳を講義して聴衆を感涙させた。またお堂で琴を奏でて楽しみ、庶民の家に上がって泊まり込むかと思えば、山水で座禅を組んだりして、そのふるまいは自在無碍で、およそ決まりごとにとらわれなかったという。また、訴えごとをする人のために奔走したので、世人は初地に達した人と評した。初地とは菩薩道における十地（十の階梯）の最初の段階、真理を体得した喜びにあふれる境地を意味する。

ある時元暁は「誰が柄の抜けた斧をそのままにしておけようか。わしが天を支える柱を切ろうというのに」と歌いながら街中を歩き回った。誰ひとりその意味が分からなかったが、その中でただ太宗武烈王だけは「師が貴婦人を得て賢い子を産ませたいという意味に違いない」と察して、寡婦となって実家に帰ってきていた瑶石公主と元暁の出会いの機会を設定した。二人の間には男子が生まれ、聡と名付けられた。薛聡は経史に精通した大学者となり、漢字を用いた韓国語表記法である吏読を発明し、六経の訓読を定めて、新羅十賢の一人に数えられた。また薛聡の子、元暁の孫にあたる薛仲業は、新羅国の外交使節として光仁天皇の宝亀十一（七八〇）年に来日している（『続日本記』）。

こうして破戒した元暁は、還俗して小姓居士（または小性居士）と名乗った。そして俳優（道化）が持っていた面白い形のヒョウタンを得て「無碍」と名付けると、自ら無碍歌を作詞作曲して、無碍を叩いて歌いながら村々を回って教化した。それによって、最底辺の民衆までが仏の名号と念仏を唱えるようになったといわれる（『三国遺事』元暁不羈）。

新羅仏教は護国仏教的色彩が強かったといわれるが、元暁は大学者でありながら国家仏教の大伽藍から遠ざかり、救済を後回しにされた底辺の民衆の間に入り込んで民衆を救いに導いた仏教者であった。元暁の仏教思想が華厳・唯識・摂論・中観・浄土・禅などを相通させる所謂「(会) 通仏教」であり、その核心が和諍思想であるというのは、古来定説になっている。和諍とは文字通り「ことばによる・言語としてあらわれる・ロゴス同士の争い」（諍）を通じさせて和解・調停するという意味であり、その論理は『金剛三昧経論』をはじめ、彼の注釈や著述の随所にみられる。しかし、元暁の著述の中から直接ある種の論理形式や原理を求めることは難しく、それよりはむしろ、彼が和諍を導く基本的な考え方に注目する必要がある。元暁は、現実的状況を離れて、いわば純粋な思弁としてではなく、むしろすでに存在する論争や論点対立を意識しながら、和諍の方法を確立したものとみられる。

大まかに言えば、元暁の「和諍会通」の方法には以下三点の特徴がある。

(1)和諍の基礎となる人間観を確立する。

(2)言語の本質を洞察する。

(3)それぞれの主張に含まれる部分的妥当性（一理）を認めて、これを受容する。

(1)元暁によれば、人間は現実において惑い（無明）の中にいる。しかし、生命の本来的な完全性（本覚）は、無明すなわち根本的に無知であることを恥じて、そこを脱出・克服しようとする意志（始覚）を呼び覚ます。人間の真実を明らめる努力と言説とは、すなわち始覚の過程に他ならない。

(2)元暁は、言語を媒介にした存在の誤解・歪曲が重なったものを「戯論」と呼んだ。しかし彼は、言語そのものを否定するのではなく、言語にはまた衆生に無知を自覚させ、本覚に向かわせる方便としての意義もあるととらえていた。元暁が示した言語についての原則は、次の二点である。一つめは「実在的言語観を克服すること」、つまり言語が何らかの実在に対応しているという言語観を乗り越えることであり、もう一つが「言語の方便としての意義を理解すること」である。

彼は種と果実のたとえを用いて不一不二論を展開し、有と無、生と不生、滅と不滅などの概念を固定的にとらえてはならないことを示した。

「果実と種とは同一ではない。そのかたちが同じでないからである。しかしまた異なるのでもない。種なくして果実ができることはないからである。

また種と果実とは、断絶しているのでもない。果実ができてから続いて種が生じるからである。しかし、常に一緒というわけでもない。実ができる時には(もとの)種はもうないからである。

種が実に入るのではない。実ができたばかりの時点では(新しい)種はまだないからである。実は種から出るのでもない。種の時には実では無いからである。

入らず出ないから不生であり、常に同じではないが断絶していないから不滅である。不滅だから、無いと説くこともできないし、不生だから、有ると説くこともできない。

遠く二辺からかけ離れているから、有るとも無いとも説けないし、一つの中に該当しないから、有でもなく無でもないとも説けないのである。」(『金剛三昧経論』)

元暁は、「戯論」すなわち非建設的な論争が自己の見解(我見)への執着を増幅し、ひいては言語によって構築された「自我」という虚妄を増幅させるものと考えた。そういう意味では、諍論を疎通させることは、人を妄執・虚妄としての自我の束縛から解放する救済活動でもあったといえる。

⑶元暁は、始覚の過程としての言説の中に含まれる部分的妥当性（一理）は、正しくくみ取られるべきであると考える。しかしそのためには、一理の部分的妥当性・部分的真理（一辺）に固執してはならず、また一辺と別の一辺の間の中間的立場にも固執してはならない（離辺非中）。なぜなら、非生産的な論争や対立は往々にして、部分的真理を完全なものと主張することによって発生するからである。

彼は、我見を排他的に主張する態度の裏面に、言語・概念・観念を実体視する言語観にとらわれた戯論の心が作用しているとみた。それゆえ、実体的言語観を克服していかなる陣営の見解にも安住・執着しないとともに、あらゆる一理を活かして、方便を通して「一心の源」の境地に達するならば、有と無、正と誤、真実と虚偽、聖（真）と俗、清と濁などは、もはや排他的・対立的な概念ではなく、相互依存的な「不二」の関係に包摂されることになると見た。

このようにして彼は、とらわれのない立場から、もろもろの諍論を調和・疏通させる言語能力を成就することを、和諍の大原則に据えた。元暁によれば、一心の本源に帰して戯論から解放された人は「同体大悲」である。そのような者は真理の世界を具現するべく、言語状況と文脈に沿って自由自在に肯定し、また否定する。彼はことばを方便として用いることで、表現は異なっても同じ意味の諸概念・言説を弁別して無意味な論争を解消し、一見相容れないようにみえる諸言説を疏通しようとしたのである。

## 三　崔漢綺の通——「神氣通」「通工易事」の政治思想

一九世紀の李氏朝鮮王朝では、王に娘を嫁がせた有力者の一族が外戚として政治権力を独占する、いわゆる勢道政治の時代が続いた。権力の独占は政治の腐敗を招き、よこしまな者が勢道家門に賄賂を贈って官吏となり、民衆を搾取した。その手段として地税（田政）と、軍布と呼ばれる布を兵役の代替として徴収する制度（軍政）、米穀貸与制度（還政）の「三政」がしばしば悪用され、法定外の租税や軍布の徴収、高い利子での米穀貸しつけにより農民たちは困窮していった（三政の紊乱）。

その一方、世界では欧米諸国が産業革命を成功させ、飛躍的に発展した科学技術の力を軍事に利用して列強同士が植民地の拡大に狂奔する、帝国主義の時代に突入していた。

崔漢綺《チェハンギ》（号は恵岡《ヘガン》、一八〇三～一八七七年）はまさにそうした時代に生まれた氣學者・実学者・儒学者である。出生地は開城《ケソン》（現在の北朝鮮開城特級市）だが、十代半ばで漢陽（現在の韓国ソウル特別市）に移住して、生涯をそこで過ごした。二三歳で生員試（科挙の初級試験の一つ）に合格したが、その後、大科（上級試験）のための勉強を放棄して読書に専念し、三〇歳頃から著作を開始した。著書は『農政会要』『陸海法』『儀象理数』『推測録』『神氣通』『地毬典要』『氣學』『人政』など多数。内容も農業・水利・機械・経済・政治・社会・天文・地理・数学・幾何・医学など多岐にわたる。

この頃、中国では阿片戦争などを契機に『海国図志』などの地理書が出版されたり、洋務運動や宣教師の布教活動の一環として啓蒙的な自然科学書が翻訳、刊行されたりしていたが、崔漢綺はそれらを入手して世界地理と自然科学の知識を消化しながら、「氣學」の体系を構築した。

崔漢綺は生涯仕官しなかったものの、在野の有識者として名が知られており、一八七一年、崔漢綺六九歳の時にアメリカ軍の江華島《カンファド》侵攻事件（辛未洋擾《シンミヤンヨ》）が勃発すると、前線で防戦にあたっていた江華留守鄭岐源《チョンギウォン》から、参謀として招聘されたりもした。その時崔漢綺は、高齢と病を理由に前線に赴くことは謝絶したが、諮問には応じることを約束した。ある時、敵が船に砂を運び込んでいるのが見えたが、皆その意図を測りかねていると聞いた崔漢綺は、それは彼らが水を濾過して飲み水を得ようとしているのだが、あまりに深入りしすぎたせいで、結局水を確保できずして早々に撤退することになるだろうと予言した。すると数日後、実際にアメリカの戦艦が忽然と姿を消した、という逸話が残っている。

長男の柄大《ピョンデ》が科挙に合格して高宗王の侍従となった関係で、崔漢綺七〇歳の時、侍従臣の父への恩典として通政大夫僉知中枢府事に任ぜられた。翌年には五衛将（名誉職）に叙され、そのまた翌年にも寿職（高齢者への名誉職）として折衝将軍行龍驤衛副護軍が贈られた。

一八七五年の江華島事件（雲揚号事件）の後、日本の軍艦雲揚号は仁川沖に停泊を続けて朝鮮宮廷に圧力をかけていた。日朝交渉が暗礁に乗り上げ、時間だけが無為に過ぎていた時、崔柄大は高宗王に対して、早急な対応を求める上疏を行った。朝鮮王朝時代には、国王に諫言を行う言論官が三つあったが、崔柄大はその一つである司諫院の正言（正六品）に在職後、離職した時にこの上疏を行った。そのため前任の言官が王に諫言することは朝廷の慣例に反するとして弾劾され、全羅道《チョルラド》益山《イクサン》に配流された。

この時、崔漢綺は配流先に向かう息子を非難する様子も見せず、かえって「お前はよくぞ言論によって罪を得た。立派と言うべきだ。幸不幸などに心を煩わすことはないぞ」と励ましたという。

崔柄大は同年の閏五月には赦免されたが、その間に江華島条約が締結されて、朝鮮王朝は日本をはじめアメリカ、イギリス、ドイツ、ロシア、フランスとも条約を結んで開国することになった。こうした情勢のなか、崔漢綺は一八七七年に七五歳の生涯を閉じた。

## 四　氣學と通の思想

崔漢綺は自らの思想を「氣學」と号し、これは東アジアで初めての氣學の誕生であった。「氣」の思想そのものは中国をはじめ東アジアで長い歴史を持っているが、崔漢綺は氣の意味内容そのものを再解釈して、それを基盤として自らの学問・思想・哲学を構築したのである。

崔漢綺によれば、人類が長い歳月をかけて知的経験と検証を蓄積した結果、近年初めて「氣」とはどんなものかが明らかになった。この二、三千年の間現れては消えた諸学説の中には、氣から起

**註記**

氣（気）の概念や思想史をみると、後漢の漢字字典『説文解字』（許慎編、一〇〇年成立）では「氣」を「客に（餞別や旅の食料として）贈る米」（饋客芻米也）として説明し、「气」を雲の象形文字としている。清代の考証学者段玉裁の注によると、气は古字、氣は新しい字であるが、氣の字が雲をあらわすようになり、また別に贈物の意味

をあらわす「餼」という字が作られて、气（氣）は本来の雲の意味から拡張されてあらゆる氣（的なもの）を表すようになったという（日本の新字体では「気」と表記し、中国の簡体字では古字を採用している）。それは元来は不可視で流動的で絶え間なく変化するが、凝集すれば形状を持って感覚的にとらえられるようになり、万物を構成するものと考えられた。

中国戦国時代の諸子百家は氣の思想を発達させた。たとえば孟子は「浩然の気」を養うことを説いたし、荀子はそれを治気養心の術として体系化した。また荘子は「天下を通して一氣のみ」（『荘子』知北遊）というように氣を万物の構成要素としてとらえ、また「人が生じるということは、氣が聚《あつ》まることである。聚《あつ》まることを生といい、散ずることを死という」（同）という死生観を述べて、氣を自然哲学的概念にまで高めた。また兵家や墨家は、氣を戦闘意欲を左右する集団心理の意味に用いたり、将兵や城の周囲に立ちのぼる氣を見て敵味方の内情や吉凶を占う望気術を発展させたりした。

戦国時代後期には、鄒衍（紀元前三〇五～紀元前二四〇年）らの陰陽家が人事と自然現象との相関を説く五行思想を確立した。これは『易経』の陰陽思想と一体化して陰陽五行説となり、陰陽・五行は氣と認識され、後世の氣の思想に影響を及ぼした。氣はまた漢方・鍼灸・気功などの医学や、武術・風水などでも基礎的な概念になっている。

宋代には周敦頤《とんい》（号は濂渓《れんけい》、一〇一七～一〇七三年）が『太極図説』を著して、無極から太極－陰陽－五行－万物に至る宇宙生成論を提唱し、張載（号は横渠《おうきょ》、一〇二〇～一〇七七年）は無形の「太虚」の氣が流動しながら有形の「質」となり、それが万物を生成しているという氣の宇宙論を説いた。朱子（名は熹、一一三〇～一二〇〇年）は周敦頤・張載の氣の思想や程顥《こう》（明道先生、一〇三二～一〇八五年）・程頤《い》（伊川先生、一〇三三～一一〇七年）の理の説を総合して理気二元論を樹立した。

その後、中国では王夫之（一六一九～一六九二）や戴震（一七二四～一七七七）、韓国では徐敬徳《ソキョンドク》（号は花潭《ファダム》、一四八九～一五四六）や洪大容《ホンデヨン》（号は湛軒《タムホン》、一七三一～一七八三）などの思想家が氣一元論を提唱したが、彼らは自ら氣學という名称を用いることはなかったし、氣の本質を掘り下げて再定義することもほとんどなかった。日本では崔漢綺と同時代人の陽明学者山田方谷（一八〇五～一八七七）が自らの学を氣學と称したが、崔漢綺との思想的交流や相互の影響関係はなかったとみられる。

こったもの、氣を当て推量したり見誤ったりしたもの、氣に反するものもあるが、その反面、器具によって氣を実験したもの、天文学や数学によって氣を測ったものもある。そして、これらはいずれも「氣學」を集大成するのに寄与した。故に「氣學」は彼一人が会得したものではなく、東西古今の人々が力を合わせ、共に検証し成就したものであるという。

「氣」は宇宙に充満しており、氣をなくしたり、氣の空隙を作ったりすることはできない。それは「一団の活物」であり、凝集し散逸するもの、しないもの、いずれも氣でないものはない。氣の色・音・臭い・味などは時に応じて変化するが、その本質は純粋で透明で淡白なものである。その効用の徳には限りがなく、それを「神」と名付ける。氣には「寒熱乾湿」の情と「活動運化」の性、無形の「神氣」（運化氣または単に氣）と形状を有する「形質」（形質氣または質）という二つの様態があり、神氣が凝集して人や物の形質が生成され、形質が散じて神氣に還ればそのものも滅する。個々の人や物は各々の形質によって隔てられているが、その内外に充満する神氣は、個々の事物の間を横断媒介している。当然ながら、人間もまた「氣」によってできている。

「天民（天が生じた民、全人類）の形体は、諸々の用途を具備した神氣に通ずる器械である。目は色を映しだす鏡であり、耳は音を聞く管であり、鼻は香りを嗅ぐ筒であり、口は（ことば・呼吸・飲食物などを）出納する門であり、手は執《と》って持つための器具であり、足は推進・運搬するための車輪である。これらすべては一身に搭載されており、神氣によって主宰される。」（『神氣通』序）

つまり、人体にはそれぞれ固有の機能を具えた器官が搭載されているが、それらは体内の「神氣」によって主宰されている。一身の神氣は知覚や認識の基盤としてもはたらく。人が生まれながらに持つ神氣は、澄み切った湧水や染められていない白絹のように純粋であって、そこにもともと内在しているものは何もなく、感覚器官〈諸竅諸触〉を通して受ける刺激に染まり〈習染〉、それが蓄積されると自《おの》ずと「推測」が生じる。これは現代語の意味とは違って、直観的・直覚的な認識をさす「推」と、反省的・分析的な判断をさす「測」の合成語である。そして、そうして「推測」された知覚・認識が、手足その他の器官を通して外界にはたらきかけられるのである。

またその一方、神氣は人体の隅々にまで行きわたり、諸器官を有機的に結びつけ、それらを活かし、動かす内在力・生命力としても作用する。

「身体の上に風邪・痰・寒氣・熱の偏滞がなければ、神氣が通じてのびのびしている。通じたと言わなくとも通じないところはなく、度量は広がり闊達になり、意志は安らかで悠々自適している。この時は（自己の）神氣が天地の神氣と一体となっているから、通と不通についてはことさら論ずるまでもない。ところが、風邪・痰・寒氣・熱の偏滞があると神氣は痛み苦しみ、通じることがひたすら苦痛の種になり、通じたことも神氣の苦痛から出るようになる。しかし風邪・痰・寒氣・熱によって神氣が妨害されるのは形体上のことだから、充分に身体を保護しながら生きていくことは、聖賢も免れ難いことであった。」（『神氣通』巻一・生通「通有防害」）

たえず体内を循環している神氣が隅々まであまねく通じていれば、自己の神氣は天地の神氣といわばシンクロした状態にあり、それは人間にとっては健康な状態である。ところが氣が特定の箇所に偏ったり、滞って充分に回らなかったりすれば、神氣はそれを苦痛と感じるのである。こうした考え方は、『東医宝鑑』（李氏朝鮮時代の医書、許浚《ホジュン》著、一六一三年刊行）にある「通じれば痛からず、不通ならば痛し」（通則不痛、不通則痛）という考え方と相通じている。つまり充分「通」じていることが健康であり、「不通」はすなわち不健康・病氣なのである。そして崔漢綺は「不通」と意味が通底する「偏滞」という語を、倫理的な「独善」「悪」や知的な「愚」「無知」「固陋」などの意味でも用いた。

「倫理・綱紀・仁義を修める者が、億万人が同じくする常道〈経常〉を顧みず、ただ一身や一時の守るところに循《したが》うならば、自ずと偏滞に陥る。」（『神氣通』巻一・體通「耳目神氣統万為一」）

「天文学・数学・典礼・刑律・人を知ること・氣を用いること・農・工・商の事は学者が講究してその実証・検証〈証験〉を待つ。精通した者は正しい道筋に沿って行い、偏滞した者は習慣によっていい加減〈杜撰〉にする。」（『神氣通』巻二・耳通「隨通塞而取捨言論」）

これは彼が、身体と倫理・知識との間にある共通点を見出していたことを示す。氣は「必ず運行があり、未だ運行しない氣はない」もので、その体内の氣が停滞すると病氣になり、自他間の氣の流通・媒介が途絶すると他者不在の独善・悪や、頑迷固陋という知的停滞に陥る。崔漢綺は、こうした偏滞がない状態、つまり心身が健康であること、独善的でなく常に他者とのよい関係を保つこと、発想が柔軟で諸事に広く通じているが「周通」であり、「偏滞」を「周通」へと転換させる多様なかたちの実践を「変通」という。

単に一個人の心身だけではなく、対人関係や自他認識、さらには家と家、国と国、宗教と宗教の間にもこの「通／不通」の問題が存在する。

「他人のことに通じない者は、必ず己の事を誇って人の事を非難し、他人の家の事に通じない者は、必ず己の家の事を称揚して人の家の事を誹り、他国の事に通じない者は、必ず自国の事を誉めそやして他人の国のことを見下し、他人の教に通じない者は、必ず自分の教が偉大なりとして他人の教を排斥する。だが、通じないことの弊害は、さらに甚だしいものがある。自分に属するものについては、たとえ過剰や不足があっても、それを言う者を必ず罵倒する。他者の側に属するものについては、たとえ善良で有益で均衡のとれた点があっても、それを採用しようとする者を必ず唾棄して罵る。これでは自らを狭め、自らを損なうというものである。たとえ一時の勢いを得て、数多くの徒党に擁護、宣伝されたとしても、どうして高遠な境地に至ることができるだろうか？」（『神氣通』巻三・変通「除祛不通」）

「通じないこと〈不通〉＝偏塞」は、崔漢綺にいわせれば病氣にほかならない。そこで「この病を治療しようと欲するなら、先入見を掃除して、すっきりした大きく公平な心で、多くのものごとを聞き、多くのものごとを見て、人々が善しとするものを取りいれ、他者と自己に共通する常道を得なければならないと指摘する。そうすれば、他者と自己がともに参じることで人道が成り立ち、他家と我が家が互いに和睦すれば善い風俗が成立し、大小遠近の国々が互いに友誼を守れば、礼儀と譲り合いが興り、広く通用する倫理と綱常に従って法を立て、人の情に即した教えを設ければ、法律と教えが修まって明らかになり、生活を貴び、死んで朽ち果てることを貴ばなくなる。

「事物を取捨選択する重要な決め手は、利になるか害になるかであって、あちらのものかこちらかではない。これが変通の術である。人・家・国・教は、事を指して言えば（人数の）多寡・（規模の）大小の違いがあるとはいえ、次第にそれらに通じてみれば、その実質は同一である。」（『神氣通』巻三・変通「除祛不通」）

ここで「人・家・国・教は……その実質は同一である」と述べているのは、彼が個体〈人〉・家族共同体〈家〉・国家共同体〈国〉・宗教共同体〈教〉に「有機体」という共通点を見出していたことを示す。その有機体のありかたもいってみれば、首脳部とそれに従属する諸器官という「マスター／スレーブ型」ではなく、個々の器官はそれぞれ対等で、その間を氣が通じて媒介することで一体性が保たれる「ネットワーク型」であるといえる。

ところで、氣學の観点からいえば、人は衣服や家屋によって外氣の寒熱乾湿を防ぎ、臓腑の血氣に滝漑するために食事から栄養を摂取するなど、個々の氣を保全するために衣食住を欠かすことはできない。しかし崔漢綺によれば、それだけではなく人々を導いて見聞を広げる教（教育以外に宗教の意味も含む）と学もまた不可欠であり、両者の間には軽重がないという。

「稟受された氣は衣と食によって保護し、教と学によって見聞をひろげるよう導くが、この二者についてその軽重を論じるならば、教と学がなければまともに着たり食べたりすることができないし、衣食がなければ教と学もまたよりどころがなくなるから、これらに軽重はないといえる。しかしその希少価値〈貴賤〉について論じるならば、衣食はすべての人がするけれども、教や学にたずさわる仕事は知性のすぐれた人にしかできないから、その希少価値は明白である。「通工易事」して余剰・不足〈有無〉を互いに融通させ、各自が稟受した氣を保全せしめることは、政治〈導率〉の力にほかならない。」（『氣學』巻一・二十四）

つまり、各人が生まれもった心身の氣を養うためには、人々が分業して生産品を交易・流通することで物質的要求を満たす以外に、知識人・教育者による社会の知的・精神的陶冶が必要であり、またそれらを育成・指導・監督して過不足なくいきわたらせる政治も必要になる。これを総じて「通工易事」という。一般に社会的分業や交易を意味するが、出典は『孟子』（「滕文公下」）であり、執政官が人民各自の生業〈事〉によって生産したものを交易〈易〉させて、その産物・製品〈工〉

があまねくいきわたらせること〈通〉を意味した。崔漢綺はこれを氣學の観点から再解釈して、自らの社会思想を「通工易事」の四文字に集約して、政治・経済・社会・教育・倫理道徳から国際関係論に至るまで、大小問わずあらゆる人間関係はこの原理に則って営まれていると考えたのである。そして商業、特に交易・貿易の意義を強調し、マゼラン艦隊が最初に地球一周を果たしたことを「天地の開闢」と呼び、これ以来航路が開けて珍奇な物産、便利な機械、さまざまな文化や思想が伝播されて、それらがみな「城内の乳」となったと述べた。

崔漢綺はまた、国家や政府の起源を考察するための思考実験として「豊かで広く大きな島」〈饒廣大島〉を想定し、それに託して自身の政治思想を提示した。彼はこの一種の思考実験によって、指導者および国家・官僚機構の原理と存在理由を明らかにした。

「仮に、豊饒で広大な島で、民が大勢いるが、法律や制度がなく、職業人や官吏がおらず、強いものは弱い者から奪い取り、大人が子供を脅かして、日々の生活が憤懣やるかたなく、困難なものになっているとすれば、人民は、皆で何とかこれをおさめる方法について思案するだろう。(そこで)自分たちの中から、生まれついての資質と、識見と度量にすぐれていて、人民を安んじることのできる者を君長に推しいただく。そうして次に、彼を補佐して共におさめる人〈輔佐共理之人〉を、民の望む人の中から数十人数百人と推薦・抜擢して、才能に応じて儀式や教育、文章や計算、賞罰・法律・刑罰、農業・軍事・工業・商業を分担して司らせる。その指導のやり方は「運化の氣」に承順し、万民の風俗習慣を調整して、各人がその職務を全うするように、久しく任せて責務を成就させる。これは、当然民の願いによって職責を成就するべきで、民の願いに背いて単独で決定してはならないものである。億兆の民は、数十人数百人の官吏が民を利し、民を安んじる道として官を設け職責を分掌させているのであって、官吏や首長が富貴を楽しむために彼らを戴き奉り、給料を与えて養っているのではない。」（『人政』巻十八・選人門「別界選人」）

ちなみに「運化の氣」とは、崔漢綺の世界観・宇宙観にもとづく概念である。彼は宇宙全体が一つの氣、活きて運動し、変転し、変化〈活動運化〉してやむことがない「神氣」であるととらえた。その神氣の「活動運化」は、宇宙自然〈大氣運化〉・人間個体〈一身運化〉・人間社会〈統民運化〉の三つの領域〈三等運化〉において、それぞれ独自の法則・道理・秩序を有しており、それに対して人間の意志が関与・介入できる度合いも異なっている。そこで、それらの法則性を正しく認識しながら、これに主体的に関わっていくのが「承順」するということである。そのようにしながら民衆の願いを政治的に実現し、なおかつ悪い習慣は矯正し、良い習慣は保護奨励して、民衆に利益と平和をもたらすことが、政府と指導者と官僚の存在理由なのである。

また崔漢綺は、その進退についても次のように主張した。

「人材を選抜して用いるときには在野の賢者〈在野賢俊〉たちに問うて抜擢し、勤務評価〈功過〉と人事〈黜陟〉は下々の愚民〈在下愚迷〉に聴いて施行することである。」（『人政』巻十八・選人門「別界選人」）

最初にある種の自然状態を仮定して国家・政府の起源と正当性を考えるという点では、これは一種の社会契約説ともいえるが、まず指導者〈君長〉を立てた後、それぞれの職掌にふさわしい能力と人格を備えて、民から望まれた人物を、君長が補佐官・官僚〈輔佐共理之人〉として抜擢することになっており、民の方から見れば二段階の選出を行う点に特色がある。

「下々の愚民」〈在下愚迷〉に違和感をもつ人もいるかもしれないが、公人の登用とその人の勤務評価の両方で在野の意見を聞くという点に注意したい。登用時には識者の意見を聞き、在任中の評価および昇降にあたっては、特に学問のない一般大衆の意見を聞くという意味である。これは、まず登用に際して意見を聞くのを「識者」に限定することで、現在でも民主主義の通弊として挙げられる衆愚政治・ポピュリズムを回避しようとしたものといえる。次に政治の一番の受益者（または被害者）である一般大衆から意見を聞くことで、施策の得失を正しく判定して不適格者を排除し、なおかつ政府（指導者・官僚）が少数の識者に対して懐柔工作を行うことと、指導者と官員と識者が結託した寡頭支配へと転落することを防ぐ意義があると考えられる。

加えて、彼がここに勤務評価と人事という検証のプロセスを組み込んでいることは、有権者の指導者および政権・政府に対する「全権委任」を避けるという意義がある。

**註記**

たとえば一九三三年、ドイツ議会は全権委任法を可決した。これによりワイマール憲法は死文化し、ヒトラーの独裁が合法化された。これなどは、たとえ近代民主主義的な法制度を採用していても、民自身が政治権力のあり方に対して絶えず検証することを放棄したならば、容易に独裁・圧制に陥るという格好の例であろう。

このようにすれば、民間の意見を政府に対して適切に「通」じさせ、「人材登用〈選擧〉が自ずと民の願いに合い、一島は平和に治まり〈昇平〉、無窮を期すことができる」と崔漢綺はいう。以上のような考え方は、西洋の主要な社会契約説にもあまりみられない行き届いた配慮として、とりわけ注目に値するものである。

# 第九章　日本の「通」思想

柳生　真

## 一　古代～中世日本の「通」

日本では、本書第五章において既に触れたが、推古天皇の摂政聖徳太子（五七四～六二二年）の定めた『十七条憲法』に「通」への言及がみられる。有名な「和を以て貴きと為す」で始まる第一条では、上位者も下位者も協調しながら自他の意見の相違を認め、異論を無視・抑圧・排除して独断することなく生産的な議論を行うならば、「事理おのずから通ず」「何事か成らざらん」という結果がもたらされるという。つまり「和」した結果、またはそうすることの効用として「通」が説かれている。

中世に入ると、日本では「通」という語は、神秘的・超自然的な力、つまりいわゆる「神通力」の意味になった。これは仏典で説かれている、仏・菩薩が使うとされる「六神通」という超常の能力に由来するものと考えられる。

## 二　江戸時代庶民の倫理・美学・認識論としての「通」

ところが江戸時代に入ると、それともまた違った「通」の概念が現れた。それは第一に物事、とりわけ特定領域の趣味・道楽・事情に明るく、特に遊郭の事情に内情に詳しいこと・人をさす。第二に、世事人情をよく知っていて物わかりがよく、物事にこだわらずあっさりした人柄で、特に男女の機微に思いやりがあること・人を意味する。

このような「通」は、江戸後期の民間で、遊里を中心に発達した「遊び」の理念であり、人情をわきまえ、遊郭などの内情に精通して、その生活や作法に順応しながら新味を出す、洗練された都会的感覚として生まれた。似たような意味と由来を持つ「粋」（すい・いき）とは、当時の洒落本で「とどまる所を知ってとどまるを通とも粋とも通り者ともいふべし」（『孔雀染』）といわれたように、同じ意味とされることもある。

しかし「粋」がほとんど独立した形で用いられ、あくまでもある種の美意識の範囲を出ないのに対し、「通」は他のいろいろな単語に付いて「食通」、「政界通」などとしても用いられる。「通人」といえば、日本語の一般的な用法としては、ある物事に詳しい人。ただし学者・識者というよりもむしろ世故にたけた人、人情がわかる人、野暮でない人、粋な人、内情に通じていて頑固でない人というような意味で用いられる。通人が通じているとされる「情」とは、人情・心情・真情・至情といった感情的なもののほか、情勢・実情などというように、ものごとの真相や現実の詳細な状況、客観情勢をも指している。

「通じる」は「わかる」と似ているが、同じではない。分析して理屈がわかり、原理から演繹することができても、細かいニュアンスや裏の意味、雰囲氣まで熟知・体得しているのでなければ「通じている」とはいえないのである。たとえば「英語がわかる」と「英語に通じている」とでは、かなり意味合いが異なる。

「通人」もまた、ものごとをただ単に概念的に理解しているだけでなく、その場において適切・妥当・適宜ふるまえる者である。もともと遊里で発達した「通」は、元来分析的または直観的な知ではないし、学校制度または文献による教育や学習などで身につく知でもない。それはただ直接的な体験の繰り返しによってのみ身につく感覚的・経験的な知であり、非体制的・非制度的な知なのである。

## 三　『色道大鏡』の「通」の階梯

一六七八（延宝六）年に藤本箕山《きざん》が著した『色道大鏡』という書がある。その巻五「廿八品」は、色道の哲学を論じた内容になっている。これは、『法華経』二十八品になぞらえて、野暮《やぼ》〈臥地《がち》〉から通〈粋〉に至り、さらにそれを超える色道のステップを二十八段階に分け、各段階をさらに二つに分けた合計五十六相を解説したものである。

最初は、遊里へ行って女性と会っても、美しいということがわかるだけで何も話せず、遊びの面白さもわからない。野暮以前の段階である。その次は店の人に笑われまいとして無理をしたり、他人にみせびらかして格好をつけようとしたり、店の人におだてられて調子に乗ったりする。野暮である。そのうち、そうするのは通人らしくないと覚って通らしくふるまおうとするが、相手をウキウキさせることができず、賢しらに指図したり意見したりして人に嫌がられる。

そういう半可通の段階を超えると、愛に溺れたり、家族に見放されたり、財産を蕩尽したり家産を傾けたりする苦境に陥って、人目を避け、身を慎むようになる。

このあたりでようやく「通」の何たるかが分かってくる。この域に達すると前後をよく思慮して、連れに対する交渉でも粋にさばき、はじめての場所でも、どんな相手にもひるまず、何があってもさらりと受け流し、自分の楽しみよりも相手の心を大切にして、その心を得ることができる。初心者は自分の楽しみだけを考えるが、通人の領域に入ると人の楽しみを配慮するのである。

このくらいになると先達・指導者として人から信頼され、不測の事態にも動揺せずに機転をきかせることができる。嫌っている相手でも好ましい様子に見せることができ、人の頼み事や相談も引き受けてうまく成功させるという、自由自在の境地に至る。

真の通人の域に達すると、智をあらわさず、他者と争わず、人をそしらず、衆人を救い、智仁勇を兼ね、義を知って敬を忘れず、思慮深くて行いが安らかで、粋を超えた境地でもある。偽りを言ってきた人に対しては、うまくしてやったと思い込ませ、人々からは慕われる。その先にいくと、世人はみなこの人の言語・風儀を真似ようとするし、そのことばを信じる。この道を極め尽くした境地に達すると、この道の作法も定めるし、すべてはここに帰一する。その先は、もはやごくごく限られた者だけが到達しうる不可思議の境地である。

『色道大鏡』の二十八品五十六相は、遊里での遊び方という趣味の道を、『法華経』や仏教の菩薩道の階梯になぞらえながら「色道」として体系化している点が面白い。これは、ある人が人生の達人へと成長する過程としても、また、鋭い人間観察にもとづいた人間の諸相を記述し、分類整理したものとしても読める。

そして何より注目されるのは、個人の趣味・娯楽から端を発しながら、自分だけが楽しむだけでなく、通を極めることで他人を楽しませ、相談に乗り、他人を益する存在となることが説かれている点である。こうした考え方は単に色道だけにとどまらず、他の領域にも広く通用するのではなかろうか。

## 四　小括

ここまで見てきたように日本では、哲学的な概念として和との関連で通がでてくるのは聖徳太子以降見られなくなるようである。通じることで生まれる和は、やがて不通となり和は同に変質していく。こうして現代の日本では、和が特に通の重要性が現代において強調される必要がある。コミュニケーションという言葉は、日本では就職活動の時期に、コミュニケーション能力の高さが要求されるなどとよく強調される、一見するとコミュニケーションという英語で通が語られているようである。だが往々にして、コミュニケーションは組織の中では権力を有する上の者から下の者への一方通行の言葉の流れを意味するようになる。下から上への言葉の流れは抑圧される。相互の言葉のやりとりが必要であり、通とはインター・コミュニケーションなのである。

**参考文献**

坂本賢三『「分ける」こと「わかる」こと』（講談社現代新書、講談社、一九八二年）

# 第十章　中国伝統儒教の「仁」――原始儒教における「仁」

中尾友則

さて前章までにて日本人にはなじみ深い和は、通じてこそ和となり、和は不通であれば和となりがたいことをみてきた。最後に日本人にはわかりにくい仁についてとりあげよう。和と通の関係は仁と通の関係にも当てはまるであろうか。また東アジア共通善としてはどういう可能性を持つであろうか。まず中国の仁からみていきたい。

## 一　『論語』における「仁」

「仁」とは何か。それを理解するためには、孔子（紀元前五五一頃～紀元前四七九年）の言行録『論語』にまでさかのぼらなければなりません。「仁」という考え方は『論語』ではじめて明確に示されたものだからです。とはいえ、その内容を把握することは決して簡単ではありません。それは何よりも古来『論語』の「仁」について様々な解釈がなされてきたことにも示されています。にもかかわらず、二千数百年、「仁」の概念は中国の人々にとても大事なものだと考えられてきました。はたして、中国の「仁」とはどのようなものなのでしょうか。

現存最古の字書『説文解字』には、「仁」という字について次のような記述がみられます。「仁は親なり。二と人とに従う。」つまり、この字は、二と人とから成り、人と人とが親しみあうことである、と。確かに、『論語』「顔淵」には「弟子の樊遅が、仁とはどういうことですかと聞いた。先生（孔子）は、人を愛することだと答えられた。」（「樊遅問仁、子曰、愛人[1]」）とあり、『論語』の「仁」もまた、人の人に対する愛だと言うことができるでしょう。しかし、人を愛すると言っても、そのあり方はいろいろです。例えば、恋人同士の愛、友人同士の愛、さらにもっと広い人類愛など。『論語』に説かれる「仁」はどのような愛なのでしょうか。

『論語』の「仁」について最もよく知られた表現の一つは、おそらく次のものでしょう。

「孝弟ということが仁の本であろうか。」（学而）

「孝弟也者、其為仁之本与[2]」

ここに見られるように、『論語』において、孝弟（家族の親愛）が「仁」の「本」だとされています。しかし、従来しばしばそう理解されてきたように、孝弟を中心として、それを外部に推し及ぼしたその延長上に自《おの》ずから「仁」が実現されると考えられているのかと言えば、そうではありません。

「任務は重く道は遠い。仁を自らの任務にする。」（泰伯）

「任重而道遠、仁以為己任[3]」

「仁」をこの社会に行き渡らせるのは極めて困難な仕事であり、強い使命感をもち努力を積み重ねることによってはじめてそれは可能になる、とされるのです。それだけでなく、そのためにはまた、ときに人を憎むことさえ必要なのだとされます。

「ただ仁の人だけが、人を愛することができ、人を憎むことができる。」（里仁）

「惟仁者能好人、能悪人[4]」

これらの表現から、「仁」が家族的な親愛の単なる延長線上にあるものではないことがわかるでしょう。「仁」は、ときに憎しみをも必要とする強い使命感によってはじめて実現できる、より大きな愛なのです。ですから、孝弟が「仁」の「本」であるとされるのは、次のような意味に解されるべきではないでしょうか。つまり、家族の愛（孝弟）は人間の心に情愛が芽生える初発にあるものであり、それがより大きな愛である「仁」を理解するための拠り所（「本」）になるのだ、と。

しかし、なぜ「仁」の実現はそれほど困難な仕事であり、人を憎むことさえ必要だとされるのでしょうか。

それは孔子が生きた春秋末期という時代がどのような時代であったかということと関わっています。

『史記』「儒林列伝」は当時の状況を次のように伝えています。


「周王朝の権威が衰えて『詩経』の「関雎」のような家内和合の詩が作られ、幽王・厲王の暴政によって礼楽が破壊された。諸侯は思うがままに振舞って、政治の実権は強大化した国に握られた。だから孔子は王道が衰退して邪道が興るのを憂慮し、そこで『詩経』『書経』を論じ教化して礼楽を復興しようとしたのである。」

「夫周室衰而関雎作、幽厲微而礼楽壊、諸侯恣行、政由彊国、故孔子閔王路廃而邪道興、於是論次詩書、修起礼楽」(5)


こうした記述に見られるように、当時、周王朝の権威は衰退し、強大化した諸侯が覇権をめぐって互いに争いあう弱肉強食の状況が拡大していました。権力者は富国強兵を追求して力の支配を強化し、民衆は困窮して流亡化への道をたどりつつありました。

このような、社会の秩序崩壊への流れが勢いを増し、人々の倫理性がほとんど失われようとする時代状況の下で、孔子は、その時流に乗っていこうとする者たちを批判し(「人を悪」み)、社会の中に広く「仁」を行き渡らせようとしたのです。

そして、そうした彼の試みは次のような目的へと方向づけられたものでした。

「わが身を慎んで礼にもどることが仁である。」（顔淵）
「克己復礼為仁[6]」
「礼の効用としては調和が貴い。」（学而）
「礼之用和為貴[7]」

ここに、「仁」とはわが身を慎んで社会の秩序を回復する（「礼に復る」）ことであるとされ、また「礼」の効用としては調和（「和」）が貴いとされているように、孔子が「仁」の重要性を強調するのは、それによって個々人の欲望拡大への欲求を克服させ、社会の調和的な秩序を回復・実現しようとする意図に基づくものだったのです。

では、孔子が実現しようとする調和的な秩序とはどのようなものだったのでしょう。それは、従来しばしば言われてきたように、単に旧来の既成の秩序を回復することだったのでしょうか。実は、その内容は、宇宙（「天」）の自《おの》ずからなる運行と関わっています。

「天は何か言うだろうか。四季はめぐり、万物は生成している。天は何か言うだろうか。」（陽貨）
「天何言哉、四時行焉、百物生焉、天何言哉[8]」

当時、この宇宙はどのようなものとしてイメージされていたのでしょうか。

## 二　『易』の宇宙観と「仁」

当時の宇宙観は『易』に示されています。そして、『易』はやがて儒教の重要な経典の一つとなっていきます。そこにはどのような宇宙観が展開されているのでしょうか。

「易は天地になぞらえて作られた。だから、天地の道を洩れなく包み込むことができる。」（繫辞上伝）

「易与天地準、故能弥綸天地之道(9)」

「この宇宙の変化を示す易には、まずはじめに太極があり、それが分かれて両儀が生まれる。その両儀から四象が生まれ、四象からさらに八卦が生まれる。」（繫辞上伝）

「易有太極、是生両儀、両儀生四象、四象生八卦(10)」

「天地の気がもつれあって、万物の性質ができ、男女が精を合わせることによって、万物の形ができあがる。」（繫辞下伝）

「天地絪縕、万物化醇、男女構精、万物化生(11)」

『易』はこの宇宙（「天地」）の態様にのっとったものであり、「天地の道」を余さず包みこんだものである、とされます。そして、まず最初に「太極」が措定される。「太極」とは、この宇宙の原初に想定される事物未分化の混沌（カオス）状態のことです。そこから「両儀」（これは陽と陰、天と地、男と女にも比定される）が生まれ、多くの事象が生じ、やがてこの世界のすべての事物が生み成される。このように、『易』において、この宇宙はあらゆる事物が絶えず生成し循環（消滅）する生命論的な世界としてあるのです。そして、その多様な生命の生成・循環する律動・秩序が「道」「天地の道」です。

この「道」は「日々新た」な「生生」の過程であり、その中に生きる人間の内にも貫くものとされる。

「陰となり陽となって限りなく変化をくりかえすはたらき、これが道と呼ばれる。……これが人間において成就したものが性である。……それが仁となって外に顕現し……」（繫辞上伝）

「一陰一陽之謂道…成之者性也…顕諸仁…」[12]

この「道」が個々人の内に内在したものが「性」（人としての本来の姿）であり、そのはたらきが外に発現したものが「仁」なのです。つまり、「仁」とは、この生命宇宙の活発な律動・秩序が人間において現れ出たものであり、そこに生きるすべての人々を、（肉親と同様）その多様なあり方のままに、生命として愛しみ尊重しようとする相互愛の心情なのです。

孔子の言う本来の「礼」、社会の調和的秩序とは決して旧来の既成の秩序なのではありません（たとえそれが周公の時代への憧憬として語られたとしても）。そうした「仁」の心情によってはじめて形成される人間相互の関係、社会秩序なのです。

「人として仁でなければ、礼をどうすることができよう。」（八佾）
「人而不仁、如礼何[13]」

従来しばしば指摘され批判されてきたように、儒教思想は、その時代的な制約から、血縁主義・階層主義と無縁ではありません（そこでは、家族関係は重要な意味をもつものとされており、また上下的な身分秩序は当然のものとして前提されている）。しかし、にもかかわらず、そこには同時にまた、人々を共同へと導く独自の共通善の脈動を見ることができます。

『論語』における「仁」は、利益の追求、力による支配が全体を圧倒しようとする時代状況の下で、すべての人々がその多様性のままに、等しく生命として尊重される（しあう）社会を実現するための共通善としてあると言えるのではないでしょうか。

## 三　『孟子』の性善説・民本主義

孔子の生きた春秋末期からやがて戦国時代に入ると、下剋上、弱肉強食の政治状況はさらに激しさを増し、調和的な社会秩序の実現はより一層困難なものになっていきます。そうした状況に儒教の立場から対処しようとした思想家として孟子（紀元前三七二頃〜紀元前二八九頃）がいます。『孟子』は彼の言行録です。孟子は、本来人間に倫理性などというものはあるのか（人の性は善なりや否や）、という深刻な問いの前に立たされます（『孟子』告子、上）。その問いに対する彼の答えが有名な四端説です。

彼は言います。人には皆人の苦しみや不幸を見るに忍びないあわれみの心（「人に忍びざるの心」）がある。なぜそれがわかるかと言えば、例えば、今にも幼子が井戸に落ちそうになっているのを目にしたならば、誰もがハッとして心を痛めるにちがいない。それはその子の親と近づきになりたいからとか、隣人や友人に褒められたいからとか、そうしなければ自分が非難されるからという理由でそうするわけではない。理性的な判断を超えて、その時瞬時にわれわれの内面から湧きあがる感情である。それは、われわれに手や足があるのと同様に、われわれが生命としてあることの本質から発するものなのだ。こうしたことからすれば、われわれ人間には、仁義礼智などの倫理の端緒となる相互愛の心情が本来的に備わっていると考えざるをえないであろう、と。(14)（公孫丑、上）

このように、孟子は、わたしたち人間の心の深奥に他者を思いやる倫理的な心情が否定しがたく内在していることを指摘するのです。しかし、彼の目の前にいる現実の君主たちは、ひたすら利益を追求し、力による支配へと大きく傾斜していこうとしている。そうした傾向に対して彼は強く警告します。

「孟子が梁の恵王にお目にかかった。王が言った。先生には千里もある道をいとわず、はるばるお越しくださったからには、わが国に利益をもたらしてくださろうというのでしょうね。孟子は答えていった。王はどうしてそう利益、利益とばかりおっしゃるのですか。大事なのはただ仁義だけです。王はどうしたら我が国の利益になるのかと言い、大夫はどうしたら我が家の利益になるのかと言い、士人・庶民はどうしたら自分のためになるのかと言って、上の者も下の者も皆それぞれ利益を貪ろうとしたならば、国は成り立たなくなるでしょう。……人としてあるべき道徳を顧みず利益ばかりを追求したならば、奪わなければ満足できなくなるでしょう。……王もこれからは仁義とだけおっしゃってください。どうして利益とばかり言わなければならないのでしょうか。」（梁恵王、上）

「孟子見梁王、王曰、叟不遠千里而来、亦将有以利吾国乎、孟子対曰、王何必曰利、亦有仁義而已矣、王曰何以利吾国、大夫曰何以利吾家、士庶人夫曰何以利吾身、上下交征利而国危矣…苟為後義而先利、不奪不饜…王亦曰仁義而已矣、何必曰利[15]」

どうすればわが国の利益を増すことができるのかと聞く王に対して、孟子は、王も大夫も士人・庶民も、国中のものが皆倫理を顧みずそれぞれひたすらに利益を追求するならば、社会の秩序は乱れ国は崩壊の危機に瀕する、と述べ、王は利益のみを追い求めるのではなく、仁義を実現する政治に努めていただきたい、と強く仁政の実施を要求するのです。

「利と力」の政治が追求されたとき、その最大の被害者は庶民である。孟子は、君主よりも社稷《しょく》（国）よりも、庶民こそが最も尊重されなければならないと説く。

「民為貴、社稷次之、君為軽[16]」（尽心、下）

「仁」の理念に基づいて、社会の調和的な秩序の実現を促し、庶民の日々の生活（生命の営み）を保障するための政治（仁政）が行われなければならない、それこそが本来の政治のあり方（「人に忍びざるの政」）なのだと言うのです。

これが、孟子（儒教）の民本主義と言われるものの内容です。そして、こうした彼の視点・主張の延長上に、著名な暴君放伐論（易姓《えきせい》革命論）が説かれることになります。

「（斉の宣王が）言った。臣下であってその君主を殺するなどということが許されるのか、と。（孟子は）言った。仁をそこなう者を賊と言い、義をそこなう者を残と言います。このような残賊の人は、ただの一人の男にすぎません。（周の武王が）一人の紂という男を殺したとは聞きましたが、君主を弑殺したとは聞いておりません。」（梁恵王、下）

「曰、臣弑其君可乎、曰、賊仁者謂之賊、賊義者謂之残、残賊之人謂之一夫、聞誅一夫紂矣、未聞弒君也(17)」

臣下が君主を弑殺するなどということが許されるのかという問いに対して、孟子は、仁義をそこなうものは残賊と言って、(もはや君主とは見なされない)ただの一人の男にすぎない。周の武王が自らの君主であった殷の紂(王)を殺したが、それは君主を弑殺したことにはならない、と答えるのです。つまり、自らの欲望のみを追求して仁義(倫理)を害し、人々の生の営みを破壊するような君主は君主とは言えず、放伐されてもしかたがないのだ、とするのです。

ですから、原始儒教は上下的身分それ自体を否定するものではありませんが、「仁」は、上下的身分を補完する二次的なものとしてあるのではありません。権力をも相対化する公共の理念としてあるのです。原始儒教における共通善「仁」の内容は、ほぼ以上のようなものであったと思われます。

しかし以後この共通善としての仁は、荀子の礼治主義、法家の法治主義へと展開する過程で萎縮していくことになります。

## 四　礼治主義と法治主義

荀子(紀元前二九八~紀元前二三五年)は孟子のすぐ後の時代、戦国末期を生きた思想家です。彼はもう孟子のように人間に本来的に倫理性が備わっている(人の本性が善である)とは考えません。荀子は、人間の本性は悪であり、人は生まれながらに利を好み、妬み憎み、感覚的な欲望に支配されやすい。善であるのは作為による矯正の結果(「偽」)である。したがって、生まれながらの性情に従えば、必ず争奪が起こり、秩序は混乱に陥って、暴力が蔓延する、と言います[18]。

そして、宇宙の自《おの》ずからなる秩序（「天道」）は人間の内には貫いておらず、人間社会の秩序（「人道」）は人為的な別の方法でのみ確保されうると考えます。彼が考えるその方法とは、外部からの「師による教化、礼による導き」であり、それによってはじめて譲りあいの心が起き、秩序（「文理」）が生まれて、平和が実現するのだ、と言うのです[19]。

このように、荀子においては、秩序を実現する手段として、外在的な（制度としての）「礼」が非常に重要視されます。ですから、「仁」との関係については、古の聖王にならい「仁」に基づこうとするならば、「礼」こそがまさに依拠すべき道すじである、と説かれることになるのです[20]。

ここに至って、先に見た孔子の視点は完全に主客が逆転します。つまり、「仁」を、実現すべき価値であるとする点において両者の間に違いはありません。しかし、孔子においては「人として仁でなければ、礼をどうすることができよう」として、「仁」が存在してはじめて「礼」はありうるのだとされたのに対し、ここでは逆に、「礼」が存在してはじめて「仁」はありうるものとされているのです。ここではもう、「仁」の共通善としての生命力は著しく衰退してしまっています。こうした荀子の視点は、倫理よりも王が制定したものとしての「礼」（制度）や「法」の重視へと繋がっていきます（礼治主義）。

「昔、聖王は、人の本性は悪なので偏っていて正しくなく、混乱して治まらないと考え、そのために礼義を起し、法度を定めて、人の性情を矯正修飾して正しくし、また人の性情を馴らし変化させて誘導した。これらは皆、統治という視点から道に合致させようとしたのである。[21]」
（性悪）

ここまで来れば、倫理をかなぐり捨て、君主の「法」こそが秩序であるとして、アメとムチによる人々の操縦を説く法家の思想まで、あと一歩です。この荀子から法家への展開に見られるように、中国においては、人間社会の秩序（「人道」）が自然界の秩序（「天道」）から切り離されたとき、そこに、近代西洋のような個々人の契約に基づく「法」の秩序が生まれるのではなく、為政者の専制的支配の道具としての「法」による秩序が現れるのです。以後、中国において、ながく「法治」が忌避される理由がここにあります。[22]

周知のように、以後、儒教は漢王朝（前漢：紀元前二〇六～八年　後漢：二五～二二〇年）の下で国教的地位を獲得します。それによって、国家体制のイデオロギーとしての性格を強め、以後、「仁」の共通善としての機能は大きく萎縮していくことになります。とはいえ、その生命力が全く失われてしまうわけではありません。儒教の「仁」の概念は、「利と力」による支配へと絶えず傾斜しようする専制権力に対して、それをチェックし、人々の生命としての営みに配慮する共同的社会を実現するための共通善として、深く人々の心の中に生き続けるのです。

## 註

（1）「樊遅、仁を問う。子の曰わく、人を愛す。」（『論語』顔淵）、以下、『論語』など引用文献の書き下しは、便宜上、可能な限り岩波文庫にしたがうこととします。

（2）「孝弟なる者は其れ仁の本たるか。」（学而）

（3）「任重くして道遠し。仁以て己れが任と為す。」（泰伯）

（4）「惟だ仁者のみ能く人を好み、能く人を悪む。」（里仁）

（5）「夫れ周室衰えて関雎《かんしょ》作され、幽《ゆう》・厲《れい》微《おとろ》へて礼楽壊る。諸侯行を恣《ほしいまま》にして、政は彊《きょう》国に由る。故に孔子は王路廃れて邪道興るを閔《うれ》へ、是において詩書を論次して礼楽を修起す。」（『史記』儒林列伝）

（6）「己れを克《せ》めて礼に復《かえ》るを仁と為す。」（顔淵）

（7）「礼の用は和を貴しと為す。」（学而）

（8）「天何をか言うや。四時　行われ、百物　生ず。天何をか言うや。」（陽貨）

（9）「易は天地と準《なぞら》う。故に能く天地の道を弥綸《びりん》す。」（『易』繋辞上伝）

（10）「易に太極あり。これ両儀を生ず。両儀は四象を生じ、四象は八卦《か》を生ず。」（繋辞上伝）

（11）「天地絪縕《いんうん》して、万物化醇し、男女精を構《あわ》せて、万物化生す。」（繋辞下伝）

（12）「一陰一陽これを道と謂う。……これを成すものは性なり。……これを仁に顕わし……」（繋辞上伝）

（13）「人にして仁ならずんば、礼を如何。」（八佾）

（14）「孟子曰、人皆有不忍人之心…所以謂人皆有不忍人之心者、今人乍見孺子将入於井、皆有怵惕惻隠之心、非所以内交於孺子之父母也、非所以要誉於郷党朋友也、非悪其声而然也、由是観之、無惻隠之心、非人也…人之有四端也、猶其有四体也」（『孟子』公孫丑、上）

（15）「孟子梁の恵王に見《まみ》ゆ。王曰く、叟《そう》、千里を遠しとせずして来る。亦将に以て吾が国を利するあらんとするか。孟子対《こた》えて曰く、王何ぞ必ずしも利を曰はん。亦仁義あるのみ。王は何を以て吾が国を利せんと曰い、大夫は何を以て吾が家を利せんと曰い、士・庶人は何を以て吾が身を利せんと曰いて、上下交利を征《と》らば、而ち国危からん。……苟も義を後にして利を先にすることを為さば、奪わざれば饜《あ》かず。……王亦仁義を曰わんのみ。何ぞ必ずしも

利を曰わん。」（梁恵王、上）

(16)「民を貴しとなし、社稷之に次ぎ、君を軽しとなす。」（尽心、下）

(17)「（斉の宣王問いて）曰く、臣にして其の君を弑《しい》す、可ならんや。（孟子）曰く、仁を賊《そこな》う者之を賊と謂い、義を賊う者之を残と謂う、残賊の人は、之を一夫と謂う、一夫紂《ちゅう》を誅《ちゅう》せるを聞けるも、未だ君を弑せるを聞かざるなり。」（梁恵王、下）

(18)「人之性悪、其善者偽也、…然則従人之性、順人之情、必出於争奪、合於犯分乱理、帰於暴」

「人の性は悪にして其の善なるは偽なり。……然らば則ち人の性に従い人の情に順がえば、必ず争奪に出で、犯文乱理に合いて暴に帰す。」（性悪）

(19)「必将有師法之化、礼義之道、然後出於辞譲、合於文理、而帰於治」

「必将ず師法の化と礼義の道有り、然る後に辞譲に出で文理に合いて治に帰す。」（性悪）

(20)「将原先王本仁義、則礼正其経緯蹊径也」

「将に先王に原づき仁義に本づかんとすれば則ち礼こそ正に其の経緯蹊径なり。」（勧学）

(21)「古者聖王以人之性悪、以為偏険而不正、悖乱而不治、是以為之起礼儀、制法度、以矯飾人之情性而正之、以擾化人之情性而導之也、使皆出於治、合於道者也」

「古者、聖王は人の性の悪なるに以りて偏険にして正しからず、悖乱にして治まらざらんと以為い、是の以にこれが為に礼義を起し法度を制め、以て人の情性を矯飾えてこれを正し、以て人の情性を擾化せしめてこれを導びけり。皆な治に出でて道に合せしむる者なり。」（性悪）

(22)戦国時代、法律・刑罰を重視した政治を実施しようとした学派。秦の始皇帝は、この学派の理念によって全国を統一し、焚書坑儒を行いました。

# 第十一章　中国近代思想の「仁」——梁漱溟における「仁」の再生

中尾友則

原始儒教の時代から二千数百年の後、西洋文明との接触によって、中国の伝統思想儒教はその存在意義を根底から問われることになります。とくに、西洋近代思想に基づく新文化運動において、儒教は臭気紛々たる抑圧的思想（「人を食う礼教」）として完膚なきまでの徹底的な批判にさらされる。ところが、やがて、その西洋思想の影響を受けた若者たちの中から、儒教の重要性を強調する人々が現れます。その先駆者の一人が梁漱溟という人物です。そのとき、儒教の「仁」の概念は、どのような形で再生することになるのでしょうか。

## 一　生い立ち

梁漱溟《りょうそうめい》（一八九三〜一九八八年）がこの世に生を享けたのは清王朝の末期、父梁済は北京在住の官僚でした。内閣侍読、高位ではありません。漱溟の受けた教育は当時の官僚の子としては異例でした。科挙試験のための儒教経典を学ぶことなく、創設まもない洋式学校に入学、西洋式教育の中で育ったのです。それは、当時の官界の中の改革派、変法派に属する父の考えによるものでした。清末変法派とは、清朝皇帝の下に西洋的な議会制度を導入し、立憲君主制的な政治改革を実現しようとした人々です。

梁漱溟はそのような父の下で早くから政治に関心をもち、英国的な立憲君主制を理想とするようになります。しかし、中学堂（ほぼ現在の日本の高等学校に相当）の卒業を間近にひかえた一八歳のとき、彼は父とは異なる道を行く決断をする。「腐敗しきった」清朝の下での改革に見切りをつけ、中国同盟会に加入、革命運動に身を投じたのです。

## 二　革命、憲政への期待、自殺未遂——西洋化の追求、その挫折

そして、一九一一年（辛亥の年）、彼らが夢見た革命は成就します。議会制度が導入され民主的な臨時約法が制定される。梁は同盟会系の新聞「民国報」の記者となり、精力的な活動を開始する。このとき彼は、これで中国も欧米・日本のような近代国家に生まれ変わることができるのだと固く信じて疑いませんでした。

「私は当時……（中国も）ただ立憲政治の軌道を行きさえすれば、欧州・米国・日本の後を追

って近代国家となることも難しいことではないと考えていた。(1)」

ところが、やがて彼は強度のノイローゼに陥り、二度の自殺未遂事件をひき起こすことになるのです。いったい何があったのか。その一つは、次のようなものでした。革命後、議会が開設され、臨時約法が制定された（「立憲政治の軌道」の導入）。しかし、それは全く機能しませんでした。袁《えん》世凱《せいがい》（一八五九～一九一六年）を筆頭とする大小軍閥が台頭し、買収・篭絡・脅迫・暗殺、あらゆる姦計を駆使した激しい権力闘争が、日々彼の眼の前でくり広げられることとなったのです。(2)――革命後現出したこうした政治状況への倦怠・憎悪が彼の苦悩の一つの要因でした。

そして、もう一つは次のようなものです。政界におけるあくなき権力闘争の影で、搾り取られ、威嚇され、侮蔑される無力で貧しい民衆。彼は自《みずか》ら目にしたその実態について（のちの講演で）涙ながらに語り、その惨状をくりかえし訴えています。(3)――これが彼の心を捉えて離さない、もう一つの情景でした。

多くの犠牲の上に革命が成り西洋的な政治制度が導入された。それは民主的な秩序ある社会を中国にもたらすはずでした。だが、実際にそこから生まれ出たものは、夢にも思わなかったむきだしの暴力的支配・抗争であり、また、日々の営み（生きることそのもの）さえも踏みにじられる民衆の非人間的な状況でした（「弱肉強食の世界」の現出）。彼には、もはや、どうしたらよいのか見当もつかず、底知れぬ絶望感と激しい精神的動揺が彼を襲います。こうして梁は、強度のノイローゼに陥り、自殺未遂事件をひき起こすこととなったのです。

以後、彼は社会活動から身を引き、ひとり、仏典の中に心を沈めていきます。しかし、やがて梁は、仏教への沈潜の中で執筆した仏教関係の論文が契機となり、北京大学にインド哲学の講師として招かれることとなります。

## 三　新文化運動の中の北京大学へ——儒教思想への注目

ちょうどその頃、北京大学では、陳独秀（一八七九〜一九四二年）・胡適（一八九一〜一九六二年）など留学帰りの若い知識人たちを中心に、旧来の儒教を徹底的に批判し、中国の全面的な西欧化（「全般西化」）を主張する啓蒙運動、新文化運動が華々しく展開されはじめていました。ところが、まもなく梁は、まさにその新文化運動の拠点、北京大学において、儒教思想の重要性を説き、儒教倫理の意義を強調した著書『東西文化及びその哲学』（一九二一年）を出版します。これが、新文化論者たち（「新派」）の痛烈な批判を浴びることになったのは言うまでもありません。

しかし、実は、儒教が重要であるという梁の主張は、当時の伝統主義者たち（「旧派」）と同じ立場からなされたものではありませんでした。『東西文化及びその哲学』には次のような叙述を見ることができます。

「われわれは新派をどのように捉えるか？　新派が唱導するものは、要するに陳仲甫（陳独秀）先生の言う〝サイエンス〟と〝デモクラシー〟、そして胡適之（胡適）先生の言う〝批評的精神〟に他ならない。……われわれはこれらにすべて賛成する。[4]」

彼は、新派の主張、またその根底にある、文化の根本までを問い直そうとする徹底した問題意識にきっぱりとした賛同を表明しているのです。

だとすれば、どうして彼は、新派のようなより徹底的な西洋化ではなく、儒教の重要性を説いたのでしょうか。

## 四　西洋近代文化の問題性――「利と力」の重視

それは、彼の中に次のような認識が生まれつつあったからです。まず一つは、西洋近代文化そのものに孕まれる問題性について。彼は次のように言います。西洋文化の根本には、個々人がそれぞれ「自己本位」に自らの利益・権利を積極的に主張し追求しようとする態度がある。こうした西洋的態度・精神――「個人本位・自由競争」――は、確かに「地上の天国を造り出し、人類の現世の幸福を実現した[5]」。しかし、それは、究極的には、各人が自己の利益を最大にしようとし、またそのために強制力・権力を手にしようとする「利と力」の重視を生み、種々の対立・悲劇をひき起こさざるをえない、と。

こうした彼の西洋認識の背景には、直近の第一次世界大戦（一九一四～一八年）・ロシア革命（一九一七年）という西洋での新たな現実の展開がありました。

## 五　中国社会の特質

そして、梁の儒教重視の背後にあったもう一つの認識は、西洋近代社会とは異なる中国社会の特質、またそこに西洋文化が導入されることによって生じる影響についてのものでした。彼はほぼ次のように述べています。

中国においては、西洋の圧迫を受けて改革を余儀なくされ、一部の自覚的な人々によって王朝体制が打破された。しかし、そのとき、中国には近代西洋のような民衆の成長、新興階級の台頭は見られず、「新たに社会を作っていくべき中心階級が存在しなかった」[6]。

国民の大部分はなお貧困・無学の中にあり、旧来の生活態度を保持していて権利意識が弱く、社会形成の主体となりえていない。確かに中国にも一部の富裕層が存在するが、彼らのほとんどは政権に依拠して自らの利益を追求するものであり、特権を打破して民主的な関係を創り出していくものではありえない。このような、極端な格差が存在し富裕層が政権と密接に結びついている社会にあって、西洋文化、とくに「個人本位・自由競争」の態度が導入されたならばどうなるか。そこには、一部の富裕層・権力者が大多数の貧困・無学な民衆を思いどおりに威嚇し搾り取る「弱肉強食の世界」が現出し、西洋文化の問題性――「利と力」の重視――がより尖鋭な形で現われるのは、むしろ当然のことだったのだ、と。しかし、とはいえ、なぜ梁は儒教に注目することになったのでしょうか。

## 六　陽明学の「万物一体の仁」——オルタナティヴな共同世界

梁が儒教の重要性を説くにいたったきっかけは、その苦悩する日々の中でたまたま『明儒学案』を読み、そこに明代末期の陽明学の一派、泰州学派の思想世界・社会像を見出したことでした。陽明学においては、この世界・宇宙は本来調和的な仁愛の秩序（「万物一体の仁」）によって満たされており、個々人の心にはそれを敏感に感じとる「良知（仁）」が具わっているとされる。しかしまた、現実にはその調和は人々が「有我の私」（自《みずか》らの利己的な感情）にとらわれることによって失われつつあるのであり、「良知」の活発な働きによってそれが克服されるとき、はじめて本来の調和的共同的な秩序世界が現われるのだとされます。泰州学派は、こうした陽明学の思想内容を民衆の生活に最も密着したところで説いた人々でした。梁は、この陽明学の相互愛に充ちた世界像を通して、中国人の伝統の中に、西洋的な「利と力」の世界とは異なるオルタナティヴな世界、広範な人々相互の共同的な世界を見出したのです。

しかし、梁の説く儒教的世界は陽明学、泰州学派のそれと同じ内容をもつものではありません。陽明学においては、現実に存在する上下的差別的な社会関係は否定されていない。しかし、梁には現実の中国社会に対する次のような批判を見ることができるのです。

「人と人との隷属関係のような、封建社会を象徴するものは、中国社会においてはいまだに免れえていないようだ。——たとえば、子女が親に私物化され、婦人がその夫に私物化されているというように。これは西洋近代社会との交渉がはじまった状況下にあっては、自《おの》ずから反抗をひき起こさざるをえない。(7)」

中国にはなお、親と子の、夫と妻の間などに見られるように、上下的隷属的な関係が存在している。それは西洋の影響を受けた現在では、当然反抗をひき起こさざるをえず、否定されなければならないものである、と。

## 七　自由・平等の権利——近代のエッセンス

それだけでなく、彼にはまた次のような明確な認識が見られます。

「個人が自由であるべきだということは、自明の理〈論証を要しないもの〉である。欧州や米国においては、個人の自由を尊重し保障し擁護することは深く人心に受け入れられており、非常に愛すべき精神である。……私は次のように考えている。人の個性が抑圧されている時代においては、人類は実はいまだ完全な人格を獲得していないのであり、完全な人格は、必ず人の個性が十分に伸展して以後の社会においてはじめて説くに値する、と。……個人の社会内における地位の尊重は、畢竟《ひっきょう》恒久の真理である。(8)」

つまり、梁は、個々人が自由・平等の権利をもっているというのは「自明の理」であり、個人の存在・主体性（「個性」）が社会の中で尊重されねばならないというのは「恒久の真理」である、と言うのです。さらにまた、彼は次のように述べています。

「われわれに必要なものは大変多く、一々数え挙げることはしないけれども、しかし、どのようにすれば個人の権利を確保し社会の秩序を安定させることができるかは、何よりも緊急に必要なことである。(9)」

そして、こうした認識の上に立って、彼は次のように断言します。

「将来、中国の民治は決して実現できないわけではない。しかし、それは、決して近世の西洋人のように、自己本位に外に向かって力を用い相互に対抗し防ぎあうという関係の上に民治を成立させているようなものではない。これを私は断言することができる。(10)」

中国においても民主政治（「民治」）は決して実現できないわけではない。しかし、それは西洋的な競争的対立的精神によってではない。それとは異なる精神・倫理によってである、と。梁においては儒教の重要性は、このような文脈の上に提起されているのです。

## 八　民主的な共同の理念としての「仁」の発見──「儒教精神」

では、彼の説く倫理の内容はいったいどのようなものなのでしょうか。

「孔子の倫理は、実は彼の言う絜矩《けっく》（思いやり）の道を内在させたものであり、父の慈・子の孝・兄の友・弟の恭はすべて双方を調和させ相たすけさせるものであって、決して専ら一方を圧迫するものではない。──もし一方を偏重すれば、彼の形而上学からくる根本の道理と合わず、かえってその結果は必ず孔子の本意に沿わない全く一方的な圧迫を生むこととなる。……数千年来、われわれに、種々の上の権威から解放されて自由を得ることができなくさせ、個性を伸展しえなくさせ、社会性もまた発達しえなくさせたこと、これはわれわれの人生における最大の西洋に及ばないところである。(11)」

「この種の正しさを求め善を求める本能・直覚は、一人ひとり誰もがもっているものである。……この鋭敏な直覚こそが、孔子の言う仁である。(12)」

梁の説く儒教倫理「仁」とは、上下的な関係（「一方的な圧迫」の関係）を前提として相互の協調・共同を説く従来のそれではありません。人々が等しく自由・平等を獲得し、個性を伸展させ、その上に立つ社会性を発達させていく、そうした本来あるべき人間・社会の姿を実現するための、個々人相互の思いやり（「絜矩」）の心情・共同愛に他ならないのです。それは後に、「倫理情誼・人生向上」――互いに相手を思いやり、励まし合い高め合う――という、より十全な形で表現されるようになるのですが、これこそ、梁にとっての儒教本来の精神、「儒教精神」なのです。わたしたちは、ここに、儒教的な伝統の中から読み替えられ抽出された新たな「仁」、民主的な共同の理念としての「仁」の姿を見ることができるでしょう。

以上のように梁は、独自に読み替えられた「仁」、「儒教精神」の重要性を説くのですが、はたして、本当に彼の説く儒教倫理は個々人の自由・平等の権利を充足しうるものなのでしょうか。充足しうるとすれば、どのような形においてなのか。

## 九　「儒教精神」による独自の公共性

梁は、彼の言う「儒教精神」と個々人の権利について次のように述べています。

「西洋人は自己の権利を主張するが、中国人は権利は相手がくれるものだと考えている。(13)」

「権利は相手が与えてくれるものであり、自ら主張するものではない。義務は自ら認識するものであり、相手が課するものではない(14)」

「同じく生活の上で相互に依存する双方であるからには同じ倫理に属するのであり、相互に相手を顧み、相手を尊重する義務がある。……倫理道徳上の義務は自らに課すのであって、国家の法律に規定された義務が、集団から個人に加えられるのとは異なる。後者は強制的であるが、前者は強制的ではない。それが生命の自由、自主の本性に由来するからである。……私が私と関わりのあるすべての人に対して義務を負っているのと同様に、私と関わりのあるすべての人は私に対して義務を負っている。人々が各自私に対する義務を尽くす時、私の権利の享受はすでにその中にあるのではないだろうか。(15)」

「儒教精神」による関係の中では、個々人は、互いに「相手を顧み、相手を尊重する」という、人間として果たすべき自発的な配慮(「義務」)の感覚をもって接しあう。したがって、彼らはその社会の中で、利己的な関心からでなく、社会全体(自《みずか》らをも含めた構成員全員)にとっての最善を求めて考え発言し行動する。そうした関係の中では、個々人が各々自《みずか》らの「権利」を主張・追求しなくても、結果的に、すべての個々人の権利が擁護され自《おの》ずから充足されることになるのだ(「享受はすでにその中にある」)、というのです。そこにおいて、社会全体の調和的秩序が保持されることは言うまでもないでしょう。

とすれば、わたしたちはここに、ユルゲン・ハーバーマス(一九二九年〜:第十三章参照)らが描き出した西洋近代の公共性とは異なる、独自の公共性のあり方を見ることができるのではないでしょうか。つまり、個々人がそれぞれ自《みずか》らの権利・要求を積極的に主張しあうところに成立する公共性ではなく、人々が互いに相手を思いやり尊重しあうところに生まれる、いわば儒教的な公共性を。

そして、梁はこの「儒教精神」による民主的な共同社会を中国社会の基礎である農村に創り出すための運動、「郷村建設運動」に関わっていきます。しかし、ここでその内容に立ち入ることは本講の課題をあまりに超えることになります。また、梁漱溟思想の基底に存在する独自の生命論的な世界観についても、ここでは、その検討を断念せざるをえません。

最後に、彼がわたしたちの時代に投げかけた提言に触れることによって、本講を結ぶことにします。

## 十　結び

梁漱溟は折に触れて「世界の未来の文化は、中国文化の復興であろう」と語りました。従来、それは、保守主義的な論者によるアナクロニスティックな発言だと受けとめられてきました。しかし、彼の真意は次のところにあったのです。今後、どこの国・地域であれ、「個人主義・自由競争」の理念（「利と力」の論理）のみが一方的に追求される限り、その社会はやがて貧富の格差が拡大し、多くの人々の権利は顧みられなくなり、対立が激化するようになるだろう。そのとき、人々は必ず、新たな「仁」（「儒教精神」）のような、相互の共同性を回復するための理念・共通善を必要とするようになるに違いない、と。

仁が中国を越えて東アジアの共通善となりえる可能性がここにあるように思われる。第七章で触れた譚嗣同の「仁は通じること」であるとして、四つの通をあげたが、その第一番目に「中国と外国との通」をあげたことをここで思い出す必要があるでしょう。

註

(1)「我的自学小史」『梁漱溟全集』(以下、『全集』と略記)第二巻、六八八頁
(2)同右
(3)「槐檀講演之一段」『全集』第四巻、七三〇~七三一頁
(4)『東西文化及其哲学』『全集』第一巻、五三一頁
(5)「我們政治上的第一個不通的路」『全集』第五巻、一六六~一六七頁
(6)『郷村建設理論』『全集』第二巻、二二七頁
(7)同右、二〇三頁
(8)「我們政治上的第一個不通的路」『全集』第五巻、一三五頁、引用文中の〈 〉内は原文。
(9)『東西文化及其哲学』『全集』第一巻、五三〇頁
(10)「我們政治上的第一個不通的路」『全集』第五巻、一六六頁
(11)『東西文化及其哲学』『全集』第一巻、四七八~四七九頁
(12)同右、四五四頁
(13)『郷村建設理論』『全集』第二巻、二九五頁
(14)同右、二九四頁
(15)『人心与人生』『全集』第三巻、七二七~七二八頁

# 第十二章　仁

片岡　龍

前章では中国の仁について原始儒教から現代儒家の梁漱溟までをおいかけてきた。本章では東アジア共通善としての仁の可能性をほりさげてみていきたい。

## 一　日本で「仁」は天皇の独占物?

仁くらい、日本人にとってわかりにくい価値はないと思います。まず、日常会話のなかに仁という語はほとんど出てきません。せいぜい、「そんなやり方は仁義にもとる」といったように、仁義という熟語として使われるくらいでしょうか。

仁義という熟語は『孟子』に出てくるのですが、日本語では「仁義にもとる」とか「仁義を切る」といった表現は、そもそもヤクザの世界で使われていた語です。儒教の道徳としての仁義とヤクザの仁義とでは、ずいぶん色あいがちがってきます。しかし、仁義はなにも儒教の独占物ではないので、儒教的色彩によって塗り隠されてしまった仁義のある側面が、ヤクザ的な仁義のなかに残っているということもあります。第七章でとりあげられた譚嗣同の仁は、まさに任侠道的な色合いももった仁です。とはいえ、やはり日本ではヤクザ的語彙にしか残らないくらい、仁は一般にはなじみの薄い文字といえます。なぜなのでしょうか。

これは、われながらすこし怪しいかなとも思うのですが、一つの考えとして、天皇の諱《いみな》にこの字が使われているということを挙げられるかもしれません。平成天皇は明仁《あきひと》、昭和天皇は裕仁《ひろひと》、大正天皇は嘉仁《よしひと》、明治天皇は睦仁《むつひと》……というように、名前の二文字目を「仁《ひと》」とする伝統は約千年間続いています。

諱を「忌み名」とよむことからもわかるように、むかしは人の名前をそのまま呼ぶことは失礼に当たりました。高貴な人の場合はなおさらです。たとえば、江戸時代の儒学者の伊藤仁斎（一六二七～一七〇五年）ははじめ敬斎と号していました。仁愛こそが儒教のなかで最も大事な価値だと考えるようになって仁斎と称したのですが、それにたいして、彼の思想に反対する学者のなかには、天皇の諱を犯す不敬行為として論難するものもあったのです。もちろん、それは一部の偏狭な学者のあいだだけの議論であって、仁という名前をつけたからといって、なにも処罰されたりしたわけではなかったのですが、どこかに仁は天皇や高貴な人の独占物という思いが、長い歴史をへて、日本人の集合無意識の底にすり込まれたのかもしれません。

中国では、あたりまえですが、王守仁（王陽明のこと。一四七二～一五二八年）、宋教仁（一八八二〜一九一三年）などというように、仁の字を名前にもつ人は昔からたくさんいます。韓国も同様です。日本でも今では「仁志」「仁史」などと書いて「ひとし」と読ませるような例は一般的です。それでも、女性の名前に仁の字がついた例をあまり見ないのは（わたしの知り合いに李仁子さんという韓国の女性がいますが）、やはり日韓中がまだまだ男性中心社会だからでしょうか。仁を「ひと」とよむことからもわかるように、仁とはひとことで言えば、人間性、ヒューマニティーのことですが、それを高貴な人、あるいは男性だけが独占するような文化構造は、やはり少しずつでも良い方向に変えていく必要があると思います。

## 二　仁は「ひと」？「ひとし」？

とはいえ、文化というのは、過去からわたしたちに受け継がれた大事な遺産でもあるので、現在の考えだけでなんでもかんでも改めればよいわけではありません。『論語』「八佾」のなかに「告朔《こくさく》の餼羊《きよう》」というおもしろい話があります。告朔の餼羊というのは、毎月の朔日《ついたち》に生きた羊をいけにえとして捧げる儀礼のことのようですが、すでに孔子当時にその儀礼の意味がよくわからなくなっていました。そこである弟子がそのような儀礼はやめたほうがよいと主張したところ、孔子は「君は〔財物としての〕羊をおしむが、わたしは〔文化としての〕儀礼をおしむ」と答えたという話です。

古典ですから、どのようにでも解釈できる話ですが、わたしは人間が頭だけで考えるようなことにはおのずと限界があり、個人を越えたもっと大きななにか（儒教ではそれを「斯文」、この文化と呼びます）を尊重しなければならないことを孔子は説いた、と解釈します。

「いまだ生を知らず、いずくんぞ死を知らんや」（『論語』「先進」）や「知らざるをもって知らざるとなす、これ知なり」（『論語』「為政」）も、なんでも知ることができると思い上がりやすい人間の傲慢を、孔子がいましめた語です。

さて、なぜこんな話をしているかというと、仁というのも、そのような「個人を越えたもっと大きななにか」を尊重して生きることを大前提としていることをわかってもらうためでもあるのですが、ここではもっと卑近な目的として、日本の男性の名前で「仁」一文字の場合に、それを「ひとし」と読むのはなぜなのかという問題を、みなさんに提起してみたいからです。

日本の名前のよみかたには、ときどきこのような興味深い例があります。たとえば、和男くんの「和」、知子さんの「知」、なぜこれらの字を「かず」や「とも」と読むのでしょう（さらに言えば、知良《かずよし》、和毅《ともき》などのように「知」を「かず」、「和」を「とも」と読むこともある）。告朔の餼羊と同じで、おそらくその意味もよくわからないまま、むかしからそう読み習わしてきたからというのが、一般的な答えだと思います。

「仁」を「ひと」と読むのは、この語が人間そのもの、人間らしさという意味として古来用いられてきたのでよくわかるのですが、「仁」を「ひと（等・均）しい」とするような例は、辞書を引いても出てきません。あるいは「仁志」や「仁史」の省略と考えられないわけでもありませんが、「仁」を「ひとし」とよむことには、なにかもっと大きな文化遺産が反映しているのではないかと考えたいのです。

## 三　〈個〉・〈種〉・〈類〉としての人間性

仁を「ひと」とよみ、「ひとし」ともよむことから言えば、〈仁は人間性〉という場合の人間性とは、人間としての固有の価値を尊重する心性、あるいは動物とは異なる人間としての優秀性の自覚といった、〈個〉あるいは〈類〉としての意味だけでなく、いわば「同じ人間だもの」といった、〈種〉としての人間どうしの横の連帯感をも意味することになります。〈個としての人間性〉は点、〈類としての人間性〉は円、〈種としての人間性〉は線としてイメージしてみれば、わかりやすいかもしれません。「ひと」とよむ場合の仁は点・円、「ひとし」の場合は線というわけです。

仁が西洋のヒューマニズムとかなりの部分重なりながら、どうしても異なるのは、仁には〈類としての人間性〉、すなわち人類愛の要素がどうしても弱く、〈種としての人間性〉、すなわち血縁的つながりの意識が強いという点です。これはどちらが良い悪いということではなく、西洋のヒューマニズムも、〈個〉と〈類〉を媒介する〈種〉（国家、社会、集団等の社会関係）の内容が具体的に規定されないため抽象的原理にとどまり、現実の社会矛盾に対して無力である、といった問題点もあります。

ただ、西洋での一般的なヒューマニズムの定義は、⑴人間性を尊重する心的態度という一般的な意味とともに、⑵古典の学習を通じて人間形成をはかろうとする教養理念、というルネサンス以降の特殊な意味ももっていて、これは仁にも通じる点です。仁とはたんなる種族愛ではなく、そうした生物としての自然な愛情にもとづきながら、それを礼楽という人文遺産によって陶冶することで、動物とは異なる人間性を自覚することだからです。この点、日本ではヒューマニズムというと、(2)の側面つまり人文主義的側面が抜け落ち、むしろ人道主義的な意味合いが強くなり、より抽象性の高い理想論になってしまうので、仁の訳語としても適切ではないかもしれません。

アジアで抽象性・普遍性の高さという点から儒教に衝撃を与えたのは、なんといっても仏教でした。中国に仏教が到来したのは西暦紀元前後くらいでした。いうまでもなく、その影響は日本や韓国にも及びます。中国に仏教が到来してから、ほぼ千年くらいたつと、儒教はその抽象性・普遍性をとりこんで、仏教に対抗できる理論体系に再構築されます。それが、いわゆる新儒教とよばれる朱子学、陽明学です。そうした流れのなかで〈種としての仁〉も、「万物一体の仁」などというように、〈類としての仁〉に変貌しました。もちろん、だからといって、〈種としての仁〉という基本性格がなくなったということではありません。むしろそれがそのまま、〈類としての仁〉に肥大化したといったほうがよいのかもしれません。「四海兄弟」、「四海一家」といった語もむかしからあるものですが、それが抽象性・普遍性を高めた理論によって観念化が進み、ひいては「八紘一宇」(八紘は世界中、一宇は一つ屋根の意)的な誇大妄想にまでいたったと言えば、いいすぎでしょうか。

もちろん、これは単純に仏教や新儒教が悪いといっているのではなく、歴史には無数の紆余曲折があることを大前提とした上で、またものごとにはかならず正負の両側面があるのだから、種の論理が類の論理に肥大化したときの過去の悲劇から反省しようとするなら、そういう見方もできるという意味です。いいかえれば、現代では科学技術や経済の発展がひとり歩きして人間の心の側面がおろそかにされているからといって、ただちにむかしの宗教や道徳に戻ればよいわけでもない、その負の側面は複雑な歴史の糸によって現代の問題にもどこかでつながっているかもしれない、過去の宗教や道徳を見直すなら、そうした面にも謙虚になった上で見直そうという意味です。

## 四　杏仁豆腐の「仁」とは？

話が急に難しくなりました。〈個としての人間性〉〈類としての人間性〉は「個人の尊厳」「人類愛」といった語を思い浮かべればまだわかりやすいにせよ、〈種としての人間性〉とはなんのことだろう、「人種」のことかな、というのが大半の人の反応だろうと思います。

もう少し問題意識の高い人は、〈種〉という概念は、ダーウィンの『種の起源』以来の人種差別的発想の元凶で、人類のアフリカ単一起源説が科学的支持を得ている現代においては、「人種」という概念は用いるべきではないと反論するかもしれません。

もちろん、わたしもそのような意味の「人種」という概念を肯定するものでは、決してありません。しかし、祖先崇拝の伝統の強い東アジアにおいて、文化的・擬制的なものであれ、血のつながりという仮構を、まったく無視してしまうことも行きすぎだと思います。むしろ、東アジアのなかで最も祖先崇拝の伝統の薄い日本が、地に足の着いた〈種〉の歯止めをもたないまま、一挙に「八紘一宇」へと暴走してしまった過去の歴史を省みれば、文化的多様性の意にも解せる〈種〉の概念には、それなりの意義があると思います。

でもそれなら、わざわざ「種」という語を使わなくても、「文化的多様性」とそのまま言えばよいではないかと思われるかもしれません。ここが本章の最も大事なところで、なぜ仁の説明にわざわざ「種」という語をもちだしてくるかというと、まさに仁の字に「たね」(「さね」)という意味があるからなのです。杏仁豆腐という中国発祥のデザートがあります。杏仁というのはアンズの種《たね》を割ると出てくる柔らかい部分(仁《さね》)のことです。もともと漢方の生薬として用いられ、似たような生薬として桃仁というのもあります。つまり、仁とは果実の生命の最も核心的な部分を呼ぶ語でもあるのです。

朱子学における仁の一般的な定義は「生物之理」、つまり〈物を生み出す働きの法則性〉です。伊藤仁斎はこれに対して「理」の字がよけいだ、〈物を生み出す働き〉だけでよいではないかと、異論を唱えました。

朱子学ではなぜ「理」字をつけるのかというと、天の万物を生々する働きが、鏡に正確に物が映し出されるように人間の心に映ったものが仁である、つまり天の物を生み出す働きと人間の物を生み出す働きとの間には、同一の法則が働いていると考えるからです。このような朱子学の仁の定義を江戸時代のある学者は、「仁は心のいのち」(室鳩巣『駿台雑話』)とわかりやすく表現しました。宇宙のいのちの働きが人間の心に宿ったもの、それが仁だ、という意味です。

また朱子学に大きな思想的影響を与えた程明道(一〇三二~一〇八五年)の語のなかにも、「ニワトリの雛をよく見れば、仁の姿が見えてくる」、「脈をとってみれば仁を体感できる」、「医学書では身体麻痺を「不仁」と言うが、これは仁の真意をよく表している」などとあります。この宇宙のなかのどんな小さな生物にもいのちが働いていて、本来それらはすべてつながっていることを人間は自覚できる、それが仁だ、という意味です。

ちなみに、現在の日本でもときどき耳にする「医は仁術」という格言も、仁がいのちと深く関わるものであることを示しています。医療は人の命を助ける技術なのだから、利益や名誉のために行っては、その技術も精妙に到達しないという意味の格言です。なお、この語の出典として貝原益軒（一六三〇～一七一四年）の『養生訓』が挙げられることが多いのですが、もちろん中国・韓国に先例があります。今のところ確認できる最も古い用例は、朝鮮王朝時代の洪貴達（一四三八～一五〇四年）という文官の「医は乃ち仁術なり。仁は天地物を生ずるの心なり」（『虚白亭文集』「救急易解方序」）です。

## 五　仁は「一人」ではなく「二人」

さて、「仁は心のいのち」、これは今でも通用しそうなことばではないでしょうか。とくに科学技術やグローバル経済がこれだけ発達した結果、心が置き去りにされ、血の通った人間的なふれあいが失われがちな現代においては、ちょっと反論することの難しいことばです。

それでは、伊藤仁斎はなぜこうした仁理解に異を唱えたのでしょうか。「武士道とは死ぬことと見つけたり」（『葉隠』）というように、生よりも死のほうが大事とでも言いたかったのでしょうか。

伊藤仁斎について少しでも知っている人は、町人であった仁斎は、まさにそのような武士的発想を嫌い、この世界を「活物」、生きて動いている存在としたことを、すぐに思い起こすと思います。さらに仁斎は、「仁は熟さなくてはダメ」とも言っています。熟すとは、果実が種から芽を出し、葉を出し、花を咲かせ、実をつけて、さらにその実が熟していくように、仁もいのちの働きの自覚だけでは足らず、その恵みが世界にあまねく滴るくらいに成熟していかなければならないと言うのです。このように、仁斎は仁の生命性をいっそう推し進めたわけですから、「仁は心のいのち」では少し弱いと言うならまだしも、それに真っ向から反論するのは、行き過ぎのように思われます。仁斎はいったい何を問題にしたかったのでしょうか。

朱子学では「仁」を「愛の理」とも定義します。これにも仁斎は反対します。「愛」だけでいいじゃないか、と。いったい「愛の理」と「愛」とではなにが違うのでしょうか。実はこの違いは〈いのちはどのようにして生まれるのか〉という問題にたいする考え方の違いと密接に関係しています。しかし、この問題は仁斎よりもう少し時代をくだらせて考えてみたほうがよさそうです。

仁斎から一〇〇年ほど後の一八世紀終わり頃に、日韓中でほぼ同時に、仁とは一人の人間の心のもちかたのことではなく、字の成り立ちのごとく、二人の人間のあいだで実践される行為のことだという考えが出てきます。これは仏教に対抗して抽象性・普遍性を高める過程で〈円としての仁〉に変質してしまった儒教の仁を、本来の〈線としての仁〉にとりもどそうという歴史の流れです。

日本では東條一堂（一七七八〜一八五七年）という学者が、次のように言っています。仁を「愛の理、心の徳」と解するような朱子の説は、老荘思想（同じく異端として仏教とほぼ同義に用いられる）の考えで解釈したものであって、孔子の考えからはまったく背馳している。仁とは二人を意味する。孔子が仁の方法として挙げた恕《じょ》（思いやり）を実践しようとすれば、二人が互いに向き合わなければ行うことはできない。恕について孔子は「自分のしてもらいたくないことは他人に施してはならない」と述べたが、裏返していえば、他人に施すところがあって、はじめて仁道といえる（『論語知言』）。

中国では阮元《げんげん》（一七六四〜一八四九年）という学者が、『中庸』という儒教の経典中の「仁は人なり」に付けられた古い注に「この人とは、相人偶（〝互いに人間として待遇する〟という意味の俗語）の人の意」とあるのに注目して、「春秋時代の孔子門下で言われていた仁は、こちらの一人とあちらの一人が互いに人間として待遇して、敬い尊重する態度や、まごころ、思いやりを尽くすことである。仁とはすべて身をもって行い、実地に験してみることで、はじめて現れるものである、また必ず二人がいてこそ、仁が現れる」と述べています（『論語論仁論』）。

仁という文字は二人を意味する、人は一人では生きて行けない、だから同じ人間どうし、人にやさしく愛情をもって接しなければならないといった説明は、今では耳慣れたものですが、このような説明の仕方は、実はこの時代に再発見されるまで、長い間忘れられていたのです。仁《ひとし》くんという命名も、あるいはこの頃に流行り始めたのかもしれません。

## 六　仁は「二人のあいだ」に生まれる

しかし、ここに問題が残ります。仁とは、人にやさしく愛情をもって接することだといっても、そのやさしさや愛情はどこに存在するのでしょうか。結局、それらが人の心に存在するなら、朱子学とたいした違いはありません。これが仁斎の〈仁＝愛〉説のかかえる難問です。東條一堂や阮元のように、仁を心に帰属させず、仁とは他人に施すことだ、実地に験してみることだ、と無理に仁を可視化しようとすれば、往々にして仁は贈答品のようなものになってしまいます。仁斎が仁の成熟を説きながら、その恩沢の大きさによって仁のバロメーターとするのも、ここに原因があります。しかし恩沢の大きさでは、決して水平的な連帯にはならないのです。

韓国の丁若鏞《チョンヤギョン》（一七六二〜一八三六年）も〈仁＝愛〉としました。「仁とは人に向かう愛である。子が父に向かい、弟が兄に向かい、臣下が君主に向かい、地方官が民衆に向かうなど、すべて人と人が互いに向き合って情愛細やかに愛すること、これが仁である」（『論語古今注』）。また、仁とは二人の意で、一人の心の問題ではない。人と人が交わって、それぞれやるべきことを実践することだとも述べています。

しかし、これだけではやはり仁（＝愛）の所在ははっきりしません。しかし、注意すべきは、丁若鏞は仁を人と人との関係に限定していて、人と物の間には仁は成立しないとしている点です（『孟子要義』）。これは一見、人間中心主義の主張のようにも見えますが、実は「万物一体の仁」のような、仁の肥大化を抑制するためのものなのです。つまり、仁はいつどこでも普遍的に存在するのではなく、それが成立しない場合もあることに、丁若鏞は注意をうながしています。

ここで、さきほど問題提起だけしておいた〈いのちはどのようにして生まれるのか〉に帰ってみると、たしかにわたしたちのいのちはどんな小さな生物のいのちともつながっているかもしれませんが、だからといって、そこからすぐ、いのちはいつでもどこでも普遍的に存在すると言えるでしょうか。実際には、小さな生物ほどそのいのちは脆く、無数の小さないのちが毎日消えていきます。ただ、同時にたくさんのいのちが日々刻々誕生している、そこにある法則性を認めることも不可能ではないでしょうが、しかし、本質的にいのちは不安定なもの、つなぎとめられないものであることは否定できないと思います。

したがって、丁若鏞の考えを少し敷衍して言えば、人と人の間にもいのちは生まれない場合もある、この地球のいのちだっていつかは滅びるかもしれない。逆に、人と物との間にいのちが通うこともある。丁若鏞が仁を人と人との間に限定したのは、仁を対話的関係と捉えるからです。だから、動物との間であっても、もしも対話的ないのちの通い合いが成り立てば、それも仁といえます。

しかし、人であれ物であれ、対話はいつも成り立つとは限らない。いのちも同じです。なぜなら、いのちとは二人の間に生まれ（たり、生まれなかったりす）るものであって、一人の思惑だけでどうこうできるものではないからです。

なお、ここで言う〈いのち〉とは、たんに生物学的生命の意だけでなく、「いのちが輝く」といった場合の人格的生命や、「地球のいのち」といった自然全体の活動力、また「いのちの通った作品」

といった物との間にわれわれが感じる生命感などの意もふくんでいます（東アジアでは伝統的に「氣」という語で、それらを表現していました）。

いのちは一から生まれるのか、二から生まれるのか、新儒学では前者の立場をとりました。それが「太極」と呼ばれるものです。太極から陰陽が生まれ、天地が生まれ、男女が生まれ、万物が生まれると考えるのですが、生命の始まりは太極という一です。これに対して伊藤仁斎や丁若鏞は二から生まれると考えました。ただ仁斎は、仁の解釈において、その論理を十分に徹底できませんでした。

丁若鏞はこう言っています。「仁は二人の間に生まれる。……しかし仁を行うのは自分から行うのであって、人に頼るのではない」（『論語古今注』）。後半は、いくらいのちは二から始まるといっても、互いになにもしないで生まれることはない。それぞれがまず自分から最善の努力を尽くして、二人の間にいのちが生まれるようにしなければならないという意味です。「仁は二人の間に生まれる」。丁若鏞は仁は二人と言うだけでなく、必ず二人の「間《あいだ》」、二人の「際《きわ》」に生まれると言います。仁や愛がどこに存在するのかと聞かれれば、それは存在するのではなく、自己と他者のあいだに共に生み出していくものだと答えたはずです。

しかし、先にも述べたように、これは必ずしも人間中心主義ではありません。その自己と他者のいのちもいつかは消えていき、しかし二人の間に生みだされた新たないのちは、二人を超えて続いていくからです。一方、二人のいのちを超えた宇宙全体のいのちの働きは、また個々のいのちとも接しているのです。ここに部分（有限）と全体（無限）の不思議な関係があります。個々のいのちの働きがなければ、宇宙全体のいのちも空言だし、全体を考えなければ、部分にも意味がなくなります。個々のいのちどうしの「間」、個々のいのちと宇宙のいのちとの「際」に善を尽くすこと、言い換えれば「人に事《つか》える」水平的連帯だけでなく、「天に事える」垂直的ないのちの連帯をどう結ぶか、これもまた丁若鏞の思想の大きな課題でした。

本章のはじめで、仁は〈個人を越えたもっと大きななにか〉を尊重して生きることを前提としていると述べたのは、こうした点からです。仁とは、このような奥行きをもった東アジアの大事な共通善なのです。

# 第十三章　欧米の共通善と東アジアの教育

金《キム》 東《ドン》 光《ガン》

## 一　はじめに

グローバル化の時代と呼ばれている今、世界中の国々がより接近するようになり、情報も技術も人々も容易に国境を超える。それを受け国家間の貿易はより活発になり、世界全体にかつてない富と繁栄をもたらしたと言うことができよう。その反面、この増加した富は貧国から富国へと、同じ国において貧困層から富裕層へと集中する傾向を見せており、憂うべきことに多くの国の中産階級を虫食み壊滅させる現象をも生み出している。このようなグローバル化時代が本格的に開始、展開して以来三〇余年、世界中の国々はこのグローバル化に対してどのように向き合っていくべきかを問われる岐路に立たされている。

最近、グローバル化の明暗を象徴するような事件がヨーロッパで発生した。イギリスの国民投票によるヨーロッパ連合（EU）離脱の決定がそれである。ヨーロッパ連合（EU）は、第二次世界大戦の終了以降、二度と破壊的な戦争を繰り返さないとして結成されたものである。最初は共通の市場を目指す経済的な組織として出発したが、最終的にはヨーロッパのほとんどの国々の政治経済を統括する超国家的な機構に成長するに至った。ヨーロッパ連合（EU）の施す政策、もしくは掲げる価値のなかで、イギリスの離脱と深い関連をもつものは、域内における自由な移動の原則を挙げることができよう。自国の文化的なアイデンティティの維持と労働者の保護を優先し、イギリスの国民はヨーロッパ連合（EU）からの離脱を決定したのである。たしかにイギリスの離脱決定はヨーロッパ連合（EU）にとって一歩後退であるが、ヨーロッパ地域の統合というプロジェクトの有効性を根本的に揺るがすものではない。ヨーロッパ連合（EU）の政治的、経済的な働きにとって無視できない負の側面が潜んでいることにもかかわらずである。

目を私たちの住んでいる東アジアに向けてみよう。東アジアの国々はグローバル化からもっとも大きい利益を得ている地域である。三〇年ほど前まで東アジアの唯一先進国とされた日本の経済や産業、技術から学び、もしくはインスピレーションを得て、「四龍」と呼ばれる韓国、台湾、香港、シンガポールが世界と貿易しながら経済的な発展を成し遂げ、新先進国のステータスを獲得した。(1) ここ十～一五年の間、中国の経済的発展には目を見張らせるものがあり、今やその経済規模は日本を追い越し世界二位になっており、アメリカと世界一の座をめぐり争っている。中国、韓国、台湾、香港、シンガポールの経済的、それに伴う技術・科学的かつ文化的な台頭はグローバル化なしに実現しにくいものであった。

このような発展・繁栄とは裏腹に、東アジアはグローバル化のもたらす負の側面も露呈している。

中国、韓国、日本、台湾、ベトナム、フィリピン等、ほとんどすべての東アジア諸国が経済発展の維持に必要な自然資源をめぐり二者、三者、多者間での紛争がおきている。このような紛争に伴う危険は経済的な発展・繁栄に支障をきたすことに限られたものではない。例えば、東アジア諸国はヨーロッパとは異なり、相変わらず植民地支配・被支配の関係の和解の課題を掲げている。また、韓国と北朝鮮、中国と台湾の間には政治的な対立も続いている。ときおり勃発する東アジア諸国間の尖鋭な紛争は軍事的な形を取る場合もあり、経済的利益のための多者間の協力がいかに脆いものかを如実に見せてくれる。特に、グローバル化と相まって広がる一方の、国境を超える麻薬、人身売買、自然災害、環境汚染等の問題は、東アジアの国々が隣国の、また世界中の国々の協力なしに効果的に取り組めそうもないものである。

このような文脈からは、東アジア諸国を、ヨーロッパのようにより緊密に統合することが望ましいように思える。統合の歴史の長いヨーロッパと比べて、共生への道のりは険しいものであるが、すでに東アジアの政治的リーダーたちはこの地域の統合に着目し、そのための様々な努力を注いできた。必ずしもヨーロッパに匹敵する程の、度合いの高い統合を目指す必要はなかろう。イギリスの離脱決定の例から見るがごとく、ヨーロッパ連合（ＥＵ）も少なからず問題を抱えている。しかし、地域の統合もしくは緊密な連帯が、経済的発展を成し遂げるうえで、またグローバル化に伴う諸国家の国民を苦しめる諸問題を解決するうえで、さらに政治・軍事・歴史的な緊張関係を管理するうえで有効な方案の一つであることに異論はなかろう。

本章では東アジアの地域統合、もしくは緊密な協力のために有力な道具になる共通善、討議民主主義、教育の概念および実践について、またそれらの有機的な関係が潜在的にもたらし得る善について考えてみたいと思う。まずは教育の働きについて見てみよう。

## 二　東アジアの教育

一般的に中国、韓国、日本といった東アジアの国々の国民は自国の長い歴史と文化に誇りを持っている。おのおのの文化を築き上げるうえで儒教と仏教の演じた役割を高く評価している。教育に関連して言えば、主に仏教を信仰してきた日本さえも儒教をおおいに活用してきた。一九世紀頃、東アジアの諸国が科学に代表される近現代文明の面でヨーロッパに後れを取ったことに気づいたときに、東アジアの知的リーダーたちは教育の改革をもって文化を一新することで西洋の衝撃の時期を克服しようとした。その際、儒教とくに朱子学的な教養をもつ学者の役割には目立つものがあった。これは中国も、朝鮮も、日本も同じであるが、西洋の衝撃への対応において成功を収めた日本の場合、儒教的な訓練を受けた福沢諭吉、西周、井上哲次郎等はいち早く西洋に渡り、先進文物を身に付けて、西洋の概念を伝統的な漢学の資源を活用して翻訳・解説するとか、大学を設立するなどしつつ、知的な、教育的な革新を行った。このように、東アジアの現代教育の形成に大きく貢献した儒教であるが、その歴史が古いがゆえに、東アジア諸国では自国の教育制度そのものが古いものであるかのように思われる傾向もある。

近現代と、われわれが生きるこのグローバル化世界の時代精神を作ったのは西洋である。例えば、われわれは今西洋的な法律、経済、政治のシステムのなかで生活している。現存する東アジアの伝統の多くの部分は西洋的な制度の枠組みのなかで生かされている。東アジアの中国、韓国、日本といった国々の国民は、自国の歴史が長いゆえに、それぞれの属する現代国家の歴史が長いかのように考える傾向もある。教育と同じく、国民国家もしくは民族国家も現代的なもの、より厳密にいえば概ね一九世紀に遡るものである。ヨーロッパ諸国において同様、東アジア諸国においても、「国民」を生み出したのは近現代の国家教育制度である。

現代国家は国民もしくは民族の存在により正当性をもつもので、国民は国家教育制度により形成された人間の集団である。従って、国家教育の歴史は国民国家の歴史そのものと言える。そもそも国家教育制度は現代国民国家をもたらした国造り過程の一部として考案されたものである。西洋において、国家教育が制度として成長を成し遂げるのは国民国家形成期においてであるが、なかでもフランス革命、アメリカ独立運動等の革命期以来のことである。この時期に至って国民もしくは民族が主権・領土国家という問題と本格的に向き合うことになったためである。

ところで、国民国家の新しい側面は国家より国民である。国家は、構成する国民・市民が自然に存在したものではなく、それを作り上げなければならなかった。国民・市民を作り上げることにより国家はその存在理由と正当性を持つようになるのである。一九世紀末にヨーロッパ各地と他の地域は強力な国家・民族主義が台頭することになるのであるが、これを受け学校は様々な形の任務を背負わされることになる。

学校を中心とする国家教育は、ローカルなものを国家レベルのものに、特殊なものを一般的なものに収斂させる、巨大な統合エンジンの役割を担うことになる。それは市民のアイデンティティと国民の意識を形成させることにより、個人を国家に結びつけ、ひとりを他のひとりと調和させたのである。つまるところ、国家教育制度を通じて、国家は統制可能な労働者と忠誠心に満ちた兵士をつくりあげ、国家の言語と文学を作り上げ、国家の歴史と起源についての神話を流布し、国家の法律や風習、習慣を広め、一般的に国家のやり方を、また国家への義務を国民に説明したのである。

このようにして出生（稀には自発的な選択）により法律上の国民として見なされた人々から本当の国民・市民が作り上げられていったのであるが、この国民・市民づくりがさりげなく、また平等になされたわけではない。公民権は、理論上は平等なものとされるが、実際には国民・市民の身分はヒエラルヒーを伴っていた。各々の階層、各々のジェンダーは社会的にも政治的にも異なる権利と機会を有していたのである。しかし、各々の階層に異なる役割・身分が与えられたにもかかわらず、国家性、国家文化という通念が生まれるようになった。教育は国家的アイデンティティと文化を創出し、それをより確実なものにする道具だったのである。

日本においては国家教育制度が一八六八年の明治維新後に創出された。最初は現代化と西洋の科学・技術の導入を通じて日本を守ろうとする改革者の意図と努力を実現すべく考案・導入されたのが教育制度であるが、それは、すぐ西洋化に抵抗し日本的価値を復興させようとする国家的反動のうねりに攫《さら》われることになる。その頂点に立つのが一八九〇年の「教育ニ関スル勅語」（以下、「教育勅語」）である。教育勅語は神道国家主義と儒教的倫理と学問に対する現代的な態度を統合することによって、新しい国家体制に必要な愛国心と国民の責任を鼓舞する指導理念であった。教育勅語は一九四五年まで愛国主義の温床であったのである。

このような教育の果たす国造りの役割は中国や韓国においても日本と同様のものであった。また、教育は第二次世界大戦後も国・国家造りに関与し続けた。そのあり方は、重点が以前の時代の文化的民族主義から今日的な市民の統合や文化的複数主義に移されたものの、国家教育制度は相変わらず国家の発展過程に関与している。ある意味ではこの関与は、（中国や韓国をはじめとする東アジア諸国を含め）新興独立国家による全面的な使用の形で、より一層強化されたような憾《うら》みがある。

教育の急速な拡大はしばしば国造りの最中にある国々において見られるが、このことは多くの場合、戦争、国家の分裂、社会的変化に因る国家的アイデンティティの危機の際にしばしば見られる。このもっとも顕著な例は東アジアの「四龍の」国家に見られる。これらの国家は地域的もしくは内的紛争による国家アイデンティティの危機を経験した国々である。例えば、韓国は内戦（朝鮮戦争：韓国では「韓国戦争」という）以来、共産主義路線の北朝鮮からの持続的な敵対行為に直面し復興と富国強兵を強いられていたのである。また、教育の拡大は地域のより発達した国々をモデルにそれらに追いつこうとする国家が、特に経済発展のためによく使う方法でもある。東アジア諸国は、あるいは迅速な経済成長を求めて、あるいは地域の強者であり、以前の植民地支配国家であった日本に追いつくために教育の拡大を追求してきた。これらの国々は国家生存の問題として教育を国造りの中心に据えてきたのである。

## 三　欧米の共通善

何千年もの哲学的思惟は共通善（とそれに類似した公共利益）の観念の必要性を見せてくれた。プラトン（紀元前四二九?〜紀元前三四七年）は「共通善」という言葉を使ったことはないが、社会と政治にある種の共通の目的が存在するという強い信念を持っていた。彼にとって最高の政治的秩序とは、異なる様々な社会集団が協力・友情の関係において社会的平和を増進させるものである。そのような秩序においてはそれぞれの社会集団が共通の善から利益を得、またそれを増加させるのである。『国家論』のなかで、ソクラテス（紀元前四六九〜紀元前三九九年）は、立法者のめざす最大の善は、「楽しみと苦しみが共にされて、できるかぎりのすべての国民が失得に関して同じことを等しく喜び、同じことを等しく悲しむような場合、この苦楽の共有」による「国家の結合」であると言っている（『国家論』四六二B）。

アリストテレスは、良い人生を生きることは孤立的な生き方においては可能ではなく、他の人々との、またより大きい共同体との関りを要求すると考えた。そのような関わりにおいてこそ人間が十全な人生を送ることも、幸福を求めることも可能になると考えたのである。各々の植物、動物、人間は生きる目的を有し、その目的を追求するのはそれぞれにとって正しいこと、自然なことであった。このような目的論的世界観において、共通善は自然の法則のように客観的で明白なものであった。

共通善をめぐる議論は一七世紀のイギリスに至って大きく変質する。君主や貴族たちの被支配民に対する、度合いを増していく利己的で、かつしばしば不当な要求と搾取に対抗して、公共利益という概念が作り上げられるようになる。公共利益はその当時においてさえ単純な私的利益の総和を意味したものではなかったものの、それが主に個人の、特に物質的な利益を保護するための概念として使われたことは否めない。人間を本質的に利己的な存在と見るホッブス的な人間観が到来して後は、個人の私的な利益の追求は正当な動機として見なされ、道徳的な権威を持ち始めたのである。以前ならば、ある人が個人的利益について触れるだけで背徳者とのレッテルが貼られがちであったがゆえに、私的な利益と共通善との間に正当な衝突があり得るとの考えさえもなかった。しかしホッブス（一五八八〜一六七九年）は、人間は利己的な存在であり、利己・私欲をもつことは自然的なことであって、これを非道徳的なものと考えてはいけないと主張した。これを背景に、個人的な利益は道徳的な正当性とともに肯定的なニュアンスをも獲得したのである。

古代と中世における共通善理論の中には、私的な利益を共通の利益と同定し統合したものもあった。このような傾向は、近現代における共通善思想のホッブス的な——つまり、共通利益の根幹を成すものは個人の利益であるという——展開により覆されたともいえる。今や個人的な利益のなかで共有される部分が共通利益として定義され、他人と共有されていない個人的利益は単純な私的利益として残るようになったのである。

共通善は共同体を目指す。(2) それは、共同体が不在するか弱いとき、人々は苦しむとの前提に立っている。共同体の長所の一つは、構成員たちが道徳的に行動するように促す、非公式的ながら社会の統制を効かせる能力を有していることである。人々の行動規範を補強するもっとも効果的な方法は、彼らが他人――特に彼らと愛情・愛着の関係にある人々――の承認を求め続ける強力なニーズを持っている事実を踏まえて講じることができる。最近の共同体主義者のなかでは、この説得力こそが、共同体を機能させるカギと考えている者も現れた。そのような力こそが国家や組織が時折行使する強制的手段のインパクトを和らげることができると、また強制を、共同体の非公式的な社会統制をもって代替することもできるとの信念をもっているからである。

共通善のもつアピールは普遍的なもののように思える。東アジアの伝統文化おいては共通善という言葉は使われていないが、西洋の共通善と似通う思想があった。孔子と孟子はプラトンとアリストテレスとほぼ同じ時代の東洋の哲学者である。孔子は弟子の子貢に、「たった一言で生涯実践しても間違いないというものはありますか」と尋ねられたとき、「それは思いやり（恕）であろうか。自分の嫌だと思うことは人にもするな」（『論語』「衛霊公」第二三）と答えた。この言明は共生のための知恵である。

孟子が梁の恵王に謁見したとき、恵王に「先生が千里の道をもいとわずおいで下さったからには、やはり何かの方法でわが国の利益を図るようにしていただけるのでしょうな」と言われた。孟子は、「王さま、どうして利益ばかりを問題になさる必要がありましょうか。問題になさるべきものはただ仁義だけです」と答えた。「王は、どうしたらわが国の利益になるか、と言い、大臣たちは、どうしたらわが家の利益になるか、と言い、役人や庶民たちは、どうしたらわが身の利益になるか、とうそぶいて上の者も下の者も利益ばかりを求め合っているようでは、国は危うくなりましょう」

(『孟子』「梁恵王章句上」一) とも言った。これまた共生のための知恵で、国という共同体の原理は仁義であり、利つまり物質的な利益ではないことを明らかにしたのである。孔子と孟子のこのような言明はプラトンとアリストテレスの共通善と軌を一にするものである。

## 四　討議民主主義

東アジアにも西洋に匹敵する共通善の伝統があることは、本書の諸章が東アジアの伝統思想を和、通、仁と捉え、これらがそれぞれ日本、韓国、中国の代表的な思想であること、この東洋三国がこれらの割合を異にしながらもすべて共有していることを論証してきたことからも明らかである。和、通、仁を現代的にいえば調和、疎通（インター・コミュニケーション)、思いやり（または愛）と言えるだろう。これらこそが共同体の基本的な価値であり、民主主義の根本的な原理であることは間違いのない事実である。これらを重んじる国々が暴力や強制より対話と説得を目指すのは当然である。最近の民主主義理論のなかで討議民主主義というものがある。討議民主主義とは広い意味で、民主主義が人々の選好、つまり望ましいと思い好むこと・ものを、単純にまとめ上げるのではなく、それの影響を受ける全ての関連者が受け入れられるように、対話を通じて変えていくという発想に基づいた民主主義である。

討議民主主義の擁護者たちは、利益とか選好というものが私的に形成されるものではなく、既成の形で現れるものでもなく、社会的に形成されていくものとして理解している。ゆえに、彼らは討議を、人々の利益や選好における違いを、その総和を計算するのではなく、公共的に変容させる合理的方法と見なしている。通常の民主主義理論においては、ディベートやディスカッションが公正な手続きさえ踏まえていれば、それらがいかなる結果となろうとも正しいもの、公共利益を代弁するものと見なすアプローチを取っている。しかし公共利益はしばしばマジョリティー（多数派）の観点から決められてしまうのであるが、マジョリティーの選択は必ずしも正しいもの、いつも良いものとはかぎらず、むしろ問題を抱えることとなってしまう。概して通常の民主主義理論は強者の論理となりがちである。

討議民主主義は、政治が道徳的葛藤、また利益の葛藤から遊離できないものであることを認めながら、市民たちが根本的に反目するとき、公共的な決定に至らせるための共通のスタンスを練り出そうとするのである。民主的正当性の真髄は、集団的決定を下さなければならないときに、その決定について本当の討議を行う個人の能力にあると考えられている。この考え方によれば、個人は、決定が正当なものと納得するときに限って、それを受け入れるべきであるとする。個人の納得に基づいた市民の参与、公共的討議、公民教育が、個々人の選好や嗜好、決定をまとめ上げ、開かれた可能性をもつ一つの社会に導いていくのであるとする。

討議民主主義は歴史的な先例をもっている。それは最初に古典アテネにおけるペリクレス時代のポリスに見られる。後、アリストテレスによるこの民主主義モデルについての論述も見られる。「言葉は有利なものや有害なもの、従って正しいものや不正なものを明らかにするために存在するものである。……家や国を作ることのできるのは、この善悪等々の知覚を共有にしていることによってである。」(『政治学』第一巻、第二章、一二五三A十一〜十二)。政治的共同体は言葉の使用により成り立つが、それは何が公正で、公正ではないかを審議・討議するものである。プラトンやアリストテレスのような哲学者は、実践的に賢明な人とは、全体としての人生について審議する能力のある者、もっとも適切な道筋を選択する能力のある者であると言うのである。

討議民主主義は、和・通・仁という東洋の伝統思想のなかで、通の精神を実現しようとする制度的装置である。それの原型は討議倫理にある。討議倫理は、ハーバーマスという哲学者が、理性のもつ人間を解放する力を個人の自由の実現(への手段)として認識したところから創設されたと考えられている。古典ギリシア語で「理性」という語と「言葉」という語は同じ「ロゴス」ということばで表される。理性即言葉であるとの考え方はギリシア哲学の伝統を貫いているもので、現代の西洋思想に綿々と引き継がれてきた。ハーバーマスの討議倫理は、ポリスのなかでどのようにすれば良い人生を生きることができるのかというアリストテレスのプロジェクトに応えようとするものである。このプロジェクトの意義は、ポリスにおいて一切のことは言葉と説得によって決められ(るべきであり)、またこのようにするのが自由と平等の価値を支えることであると認識するところにある。

討議倫理は二つの普遍的な原理を含んでいる。一つは包容と同意に関するもので、これは、討議がある規範・政策・決定の採択により影響を受けるすべての行為主体を含むことを定める原理である(普遍性の原理)。二つ目は、無制限の討議を通じての普遍的な同意を得ていない規範・政策・決定は有効性を持たないと定める原理である(討議の原理)。このようにしてハーバーマスは、物理的な空間であったポリスを、参与する人々によって作られる政治的な空間へと変容させることを目指して、例のアリストレスのプロジェクトにカントの普遍主義倫理を加味し、討議倫理の創設にまで至ったのである。この討議倫理は政治に応用され、討議民主主義に発展するのであるが、討議倫理と討議民主主義における討議とは言葉による疎通のことである。

討議民主主義はまた、ポリスを地球的規模に拡大・再現することによってグローバル化時代に適合した国際関係論の構築にも応用されている。日本と韓国において審議民主主義、もしくは熟議民主主義とも呼ばれる討議民主主義は、現に多くの学者や実践家たちが政治、行政、教育、福祉、保健、金融等をめぐる新自由主義的（ネオリベラル）な公共政策の下で民営化が容赦なく進められていくことに対抗して、これらの公共政策のもつ（べき）規範性――つまり、公共性――について議論するときの拠りどころとされている。

**註記**

公共性〈ドイツ語：エッヘントリッヒカイト〈Öffentlichkeit〉、英語：パブリック・スフィア〈Public sphere〉〉は、ドイツの哲学者ユルゲン・ハーバーマスの著作『公共性の構造転換――市民社会のカテゴリーについての探究』（日本語訳書：未來社、一九七三年）の出版以来盛んに使われるようになった、私的自治の論理を唱える概念である。公共圏と訳すこともある。一九六二年のドイツ語原著のタイトルは ***Strukturwandel der Öffentlichkeit: Untersuchungen zu einer Kategorie der bürgerlichen Gesellschaft*** で、一九八九年に ***The Structural Transformation of the Public Sphere: An Inquiry into a Category of Bourgeois Society*** というタイトルで英訳され、公共性とその概念が国際的に議論され始めた。「公共性」はドイツ語エッヘントリッヒカイト（Öffentlichkeit）、「公共圏」は英語パブリック・スフィア（Public sphere）からの翻訳である。日本語では「公共性」と「公共圏」が同義語として使われる傾向もあるが、ドイツ語エッヘントリッヒカイトと英語パブリック・スフィアの間には大きなニュアンス上の違いがある。もともとエッヘントリッヒカイトは（カフェ、教会、音楽会等のように）誰にも開放されている場、もしくはイベントを指し、オープンネス（Openness「開放性」）とも訳されえた言葉である。エッヘントリッヒカイトのドイツ語原義はこれに限る。これの対概念は「閉鎖性」である。パブリック・スフィアは「公の空間」を指すのであるが、ここでパブリック（Public）はリパブリック（Republic「国家、国制」）の意味をも含んでいる。これの対概念は「私圏」または「私領域」である。注目すべきことは、エッヘントリッヒカイトにはリパブリック（Republic）としてのパブリック（Public）が示唆すると思われがちな「公権力」の意味はない。また、スフィア（Sphere）のもつ物理的空間の意味もエッヘントリッヒカイトには含まれていない。「公共性」が「公共圏」よりエッヘントリッヒカイトの訳語としてより適切に思える。

特に、日本や韓国における民主主義の逆機能や民族主義の偏狭さを討議民主主義の疎通力をもって克服しようとする東アジアの学者たちのこのような奮闘は、東洋の和・通・仁という伝統思想から現代東アジアの共通善を発見、創造しようとしてきたわれわれにとっては注目に値する。通（疎通）があってこそ、生きることに最高の意味を与える仁（愛または思いやり）が活かされるのであるから、討議民主主義のもつ社会的・政治的意味は大きい。共同体は構成員たちからの自発的同意で決定をするよりも、しばしば構成員たちに同意を強制する側面がある。構成員たちの自発的な意志に基づくものは本来、「協働態」と呼ぶべきであろうが、共同体は構成員に「同」化を求める実「体」になりがちである。これは葛藤をいわゆる共同の合意によって解消しようとするものであるが、共同体は個人（とその利益）と共同体（とその利益）を同定して、その一枚岩的な意志をもって構成員たちを団結させようとするものである。この場合、共同体は、たとえそれが参与民主主義の形を取っていても、複数主義に欠け、独裁主義に転じる危険性を孕んでいる。討議民主主義はこのような共同体の盲点をも是正する力をもっている。こうしてみると討議民主主義とは、自立した人格の相互の対話を通じて調和、愛のある応対に対応するというのであるから、本書で追求してきた、まさに相互に言葉で通じることにより和、仁に到達するというふうにもいうことができよう。西洋と東洋の理想は思ったよりも近いといえようか。

## 五　おわりに

ほとんどの現代国家は、教育を国家体制を整える手段として活用してきた。教育は、遅れた文化をもつ人間集団の水準を迅速に引き上げる手段である。また、教育は、弱小国家が経済的な力量の伸長を通じて強くなることを可能にする手段でもある。教育は、国家にとってその環境をより安全なものにする有力な手段だったのである。このように教育は国家システムにおいて国民文化を伝播し国家のための労働力を生成・維持する機能をしてきた。しかしその歴史的な機能は超国家的な協力がもっとも切に要求される今日のグローバル化社会に適していないように思える。なるほど教育は今も国民国家を支える重要な役割を担当しているが、新しい時代においてはその実質上の逆機能をも見逃してはならない。

中東、南米、アフリカ等の地域においては国民国家が崩壊するがために多くの人々が苦しむことがあると聞く。世界的に見て九・一一以降の安保状況の変化は、国際的な領域での主権の分解とともに、国連が依拠しているところの国家間の（公式的な）平等の原理を危うくしている。このことは、昨今の国家システムと国民・民族国家というものが脆弱さを露わにし、その限界に来ていることを示唆している。現代の国家システムは新しい帝国のように拡張する多国籍企業や超国家的な組織による犯罪、軍事活動等の勢力に無力である。これらの勢力をけん制できるガバナンス構造を構築して永続的な制度にすることこそが時代の要求である。正常に機能する超国家的機構のみが安保、軍縮、経済、法律のすべてのレベルにおいてそのようなけん制が可能である。われわれは透明で責任のある世界のガバナンスと調整の構造を必要とする。

ところで、東アジアには今も強力な国家主義が残っている。例えば、東アジア諸国家が教育を国造りと政治・経済の発展の手段として活用することは、近年においても勢いを増すことはあっても衰えることはない。また、日本、中国、韓国の政府は歴史教科書の実質上の検定制度を取っており、国家承認による自国中心主義的な歴史観が若い学生に教え込まれるとき、いかに無害に思われても自国民・自文化への熱い思いが他国民・他文化への蔑視につながるのは想像に難くない。東アジア諸国の自文化に対する誇りと教育に対する期待が、この地域における前世紀の不幸と、今世紀の不和に一助してきたという認識は決して間違いではなかろう。

グローバルな経済の拡散と深化は（同一）国家内外の自国民・外国人の間の仕切りを限りなく縮小していく。国家内外で居住する本国人、または外国人の義務と権利をグローバル・シティズンシップという観点から考え直す必要がある。今後の東アジア諸国の教育は、東アジア地域の共生につながるような、グローバル・シティズンシップを育てるような、それを保障しようとする超国家的な機構の活動に応えるような、グローバル・ガバナンスに貢献するような方向に変わっていかなければならない。

**註**

（1） 先進国の定義は曖昧であるが、日本の内閣府が毎年二回発表する「世界経済の潮流」（二〇一三年、Ⅱ、凡例）では先進国を「OECD加盟国。ただし、一人当たりGDPが一万米ドル以下の国（チリ、トルコ、メキシコ）を除く」と定義している。韓国は一九九六年十二月十二日以来のOECD加盟国である。台湾、香港、シンガポールは国際政治・地域規模上の問題でOECDに加盟していないが、一人当たりGDPの面で韓国を上回っている。また、二〇一四年の国連『人間開発報告書』によると、これらの「四龍」の国家はすべて「人間開発指数」（HDI）順位の面で日本をも追い越している（この順位には国連に加盟していない台湾は含まれていない）。

（2） その類似・対概念である公共利益も同じく共同体を目指す。公共利益と共通善をあえて区別するなら、前者は具体的な政策及び実践を指す傾向がある反面、後者は社会的な生のより一般的かつ長期的、また基本的な諸側面を包括する議論に使われる傾向があると言えるだろう。

**参考文献**

『アリストテレス全集』（出隆監修、山本光雄編）、第一五巻（『政治学・経済学』（山本光男・村川堅太郎訳）岩波書店、一九六九年）
『プラトン全集』（田中美智太郎・藤沢令夫編）、第十一巻（『クレイトポン・国家』（田中美智太郎・藤沢令夫訳）岩波書店、一九七六年）
『中国古典文学大系』、第三巻『論語』（（木村英一・鈴木喜一訳）平凡社、一九七〇年）

『中国古典文学大系』、第三巻『孟子』（藤堂明保・福島中郎訳）平凡社、一九七〇年）
ユルゲン・ハーバーマス『公共性の構造転換——市民社会のカテゴリーについての探究』（細谷貞雄訳）未來社、一九七三年）

# あとがき

はじめに以下では原則として、敬称は略し、所属・職位は現在のものを記していることをお断りしておく。本書は全体としてまとまりのある一貫したテキストとなるよう執筆関係者たちで何度も会議を持ちつつ、議論を重ねてきた。その後最終校正段階に至るまでまとまりのあるものとなるように編者の方から各執筆者にさらに何度か細部に至るまでお願いをし、本書がようやく完成した。ご協力していただいた各執筆関係者に心から感謝申し上げたい。中国の通の部分は研究会において李暁東《りぎょうとう》(島根県立大学)より報告をしていただいたが、本務校にて学部長の重責を担う関係で、柳生真が李暁東の報告を利用しつつ、通全体の執筆をしたことをお断りしておく。

東アジア三国のキャンパス・アジアが発足し、岡山大学は成均館大学校(韓国)と吉林大学(中国)と協力しつつ交流をすることになった。編者は岡山大学の学部、修士課程で学んだ関係で、恩師であり構想責任者であった荒木勝副学長より協力要請を受けた。東アジアの時代がさけばれる中で、やりがいのある仕事ではあったが、実際に仕事にあたってみると至難の作業となった。まず異なる三国の大学関係者が議論するというのは、言語、問題意識、それぞれの学問的土壌の相違などにより、それだけで相当困難であった。それに加えて本書が掲げた共通善について共通の認識が得難いのである。また東アジアの共通善とは何かとなると、これがまた難題であった。東アジア共通善を東アジア共通の価値と言い換えても事態はそう変わらない。儒教文化圏、仏教文化圏などとおおまかにいわれているが、それを儒教的価値、仏教的価値というだけでは答えにはならない。共通善は欧米では契約的契機の強い正義であるが、本プロジェクト開始当初は、東アジア各国の儒教、仏教などの中に正義に該当するものをとりだすことをおおまかに想定していたが、それも問題があった。そもそも正義は、誰が正義を決定するかという問題を抱えている。正義を決定するのは権力者、国家であり、強者の論理になりやすいのである。国家と個人の利益、権利が衝突する場合、滅私奉公的な方向にいく傾向の強い歴史伝統をもつ東アジアにおいては、正義は共通善とはなり難い。こうしてみると東アジアの時代、東アジア的価値の共有とはよくいわれるものの、東アジアの共通善のみならず、東アジア的価値というのは、これから真剣に向き合っていく研究課題であることを痛感させられた。

こうした試行錯誤を経るなかで、単なる学術論文の寄せ集めとしないために思い切った決断を迫られた。まず東アジア三国の大学の共同執筆を一旦断念することとした。次に当時京都フォーラムで公共哲学対話を長年にわたり主催してこられた金泰昌代表(「日韓中がともに公共する哲学対話の会」代表)にご協力をお願いし、東アジアの共通善について、長年におよぶ公共哲学対話の中で検討を続けてきた和・通・仁を出発点として整理することに方向を定めた。次いで日本にいる学者で国籍・民族に関係なく日本語で議論し、問題意識を共有できる執筆可能な人材を探し求めてキストを完成させ、次の段階でそれを韓国、中国の大学にモデルとして提示していくこととした。荒木勝副学長の共通善という優れた視点は、東アジアで具体化するため金泰昌代表の和・通・仁につながり、本書の方向が確定したのである。

本書を書く上で意識していたことは、第一に哲学・思想の歴史にはせず、哲学・思想をすることであった。昔こういう偉い哲学者、思想家がいたと記憶しても現代の若者には暗記物がまたひとつ増えるのみである。現代の東アジアの葛藤、対立を見つつ、それを乗りこえる価値創造が現代の若者に求められており、それに答えるものとしたかったのである。そのため現代の具体的な状況、課題から出発し、必要な限りで各国の哲学・思想の歴史に触れる方法をとっている。言うは易く、行うは難しであるが。第二に、この種の本が陥る危険のある抽象的な哲学・思想の概念中心の記述に留まらないよう具体的な社会との関係を押さえ、読者が身近な問題として意識できるように努めた。第三に、一国の研究を含みつつも、絶えず東アジアで考えることを忘れないようにしている。多くの困難を抱えながらも本書の試みがどこまで成功しているかは読者のご批判を待つこととしたい。

本書の限界、今後の課題に少し触れておきたい。第一に東アジア共通善が人々の間で定着していくためには、その土俵となる東アジア規模での人間の移動がより活性化していく必要があろう。東アジア共通善の東アジア市民への浸透は決して学者の抽象的思考によってだけではもたらされえない。紆余曲折はありながらも企業活動や就職活動、留学や旅行などで一定程度それは活性化してきている。人間の移動という点では韓国が活発である。韓国人はそもそも国内で二年半に一回引っ越しをするほどであり、海外にも就職活動、留学などで国境を超えて多くの人々が移動していっている。中国人の海外への移動も近年活発になってきている。両国とも移動先はもちろん全てが東アジアというわけではないが。この点で日本だけは国境を超えた移動に相対的に消極的であり、その理由の一端は国内の人間関係にありそうであることは示唆しておいたが、これもやがて変化していくのではなかろうかと期待したい。

第二に、すでに金泰昌が第二章で触れていたが、東アジア共通善を考えるために国家を超えた思想、宗教的価値観が必要になるであろうということである。個人、市民、国民などは名称はどうあれ国家構成員の一部である。そのため国家（＝全体）と個々の部分（個人、市民、国民）の利益が衝突する場合、国家のために部分は犠牲になることを強いられることとなる。それに対して、国家を超えた人格神が個人のなかに臨在し働いている人格（＝良心）という概念の重要さが指摘されていた。このように人格と個人とは決定的に異なるのであるが、なかなかこのことが東アジアでは理解され難い。人格神は東アジアでいえば、天、天帝、上帝などである。国家権力が肥大化するとどうしても宗教的な権威をも政治権力が独占したり、兼ねたりする傾向がでてくる。儒教でよくいう内聖外王とは、聖なる宗教性を帯びた権威が王＝政治権力と結合していることを意味するが、ここに人格概念定着の困難を見ることができよう。日本では現人神の天皇制が継続したため、ここでも同様の困難がある。この点で韓国の場合は少し異なっている。東学思想の創始者、崔済愚（チェ・ジェウ、号は水雲、一八二四〜六四年）が韓国伝統の人格神を歴史の表面に浮かび出させた。彼が上帝と対話する宗教体験を経た後に、人間の「内に神霊を有し、外に氣化を有する」と述べていることは重要である。人間の中に上帝が臨在し神霊として働いているのである。東学思想は韓国（朝鮮半島）全体を席捲していくこととなるが、これは韓国（朝鮮）民衆の中にあった人格神に触れ得たために起きえた現象であろう。東アジアで唯一韓国においてキリスト教が深く根を下ろし得た一つの原因はここにあるのではないかと思える。中国や日本でも今後土着の人格神について一層検討していく必要がある。

ただ国家を超えた個人の良心、人格の発見は人格神を見いだす以外にないかといえばそうではなかろう。それが第二章で触れた個体生命から宇宙生命への言及である。個体生命を超えたいのちは国家単位で寸断し統制することはできないであろう。生きている者は死者を祀ることで呼び出し、死者たちとつながっていく必要性もある。死者たちの国である天国や浄土には国籍はないはずであるが、しかし国家はあくまで死者たちの中にまで介入し死者たちに国籍を付与して自国民として統制しようとする。靖国神社しかりである。だが国家に都合の悪い、統制できない死者の場合は人々の記憶から消されていく可能性もある。東日本大震災（二〇一一年）の死者たちの記憶が最近風化しつつあるのではないかというのは単なる杞憂であってほしい。韓国でのセウォル号沈没事故（二〇一四年）の犠牲者の記憶は生々しい。ここから救済できた命を救済しなかった無能で無慈悲な国家権力への怒りが吹き出している。こうして国家権力を超えた死者とのつながりが、大きな現実の力となり、国家権力の交代が現実のものとなりつつある。国家を超えた死者たちの霊魂と生者たちのそれとのつながりが現実の国家権力を凌駕しつつある事例といえようか。宇宙生命を編者なりに現時点でみていくとこうした見方も可能ではないかと思える。

本書は岡山大学より教科書として採択され、刊行に際して補助金を受けることができた。ここに記して感謝したい。また個人的な事情であるが、編者は二〇一六年一〇月より翌年三月まで在外研究期間を本務校である都留文科大学よりいただくことができた。編者はこの期間の大半をアメリカ・ロスアンゼルスにある南カリフォルニア大学（USC：University of Southern California）にてVisiting Scholarとして滞在することとなったが、その過程で李勛相《イフンサン》教授（韓国：東亜大学校）にひとかたならぬお世話になり、またKyung-Moon Hwang教授（USC）のこれまたひとかたならぬご尽力のおかげで無事入国し適応することができた。両教授に深くお礼を申し述べたい。こうして編者は本書の完成に集中する時間を当地にて持つことができた。当地にはコリアタウン、リトルトーキョー、チャイナタウンがあるが、コリアタウンに来てみると誰もがただちに気がつくことがある。それはおびただしい数のキリスト教会である。ロスアンゼルスのリトル東アジアとでもいうべき環境で東アジアに関する本書の仕上げをできたことはまことに得難い経験となった。

二〇一七年（平成二九年）一月

邊　英　浩

| | | | |
|---|---|---|---|
| | **新井奥邃**《おうすい》（1846 ～ 1922年）<br>キリスト教と儒教などとの結合 | **孫秉熙**《ソンビョンヒ》（1861 ～ 1922年、東学３代教祖、1905年東学を天道教と改称） | **光緒帝**（1871 ～ 1908年）<br>**梁啓超**（1873 ～ 1929年） |
| | **井上哲次郎**（1856 ～ 1944年） | **姜一淳**《カンイルスン》（号は甑山、1871 ～ 1909年） | |
| | **岡田正之**（1864 ～ 1927年） | **安重根**《アンジュングン》（1879 ～1910年）『東洋平和論』 | **陳独秀**（1879 ～ 1942年） |
| | **吉野作造**（1878 ～ 1933年） | **朴重彬**《パクチュンビン》（号は少太山、1891 ～ 1943年、1916年に圓仏教創始） | |
| 1950年 | **和辻哲郎**（1889 ～ 1960年） | **宋鼎山**《ソンジョンサン》（法名は奎《キュ》、号は鼎山、1900 ～ 1962年、圓仏教の初代宗法師） | **胡適**（1891 ～ 1962年） |
| | | **金九**《キムグ》（1876 ～ 1949年）<br>1940 ～ 1947年、大韓民国臨時政府主席 | **毛沢東**（1893 ～ 1976年） |
| | | **李承晩**《イスンマン》（1875 ～ 1965年） | **梁漱溟**《りょうそうめい》（1893 ～ 1988年）現代儒家 |
| | **丸山眞男**（1914 ～ 1996年）<br>**＊マザー・テレサ**（1910 ～ 1997年） | **柳永模**《ユヨンモ》（1890 ～ 1981年）キリスト教と儒教などとの結合。シアル（民衆）思想 | |
| | **家永三郎**（1913 ～ 2002年） | **咸錫憲**《ハムソクホン》（1901 ～ 1989年）柳永模の弟子 | **鄧小平**（1904 ～ 1997年） |
| | **白川静**（1910 ～ 2006年） | **朴正熙**《パクチョンヒ》（1917 ～ 1979年）<br>**金日成**《キムイルソン》（1912 ～ 1994年） | |
| | **＊ハーバーマス**（1929 ～） | | |

| | | | |
|---|---|---|---|
| | **中江藤樹**（1608～1648年）陽明学者 | | **王夫之**（1619～1692年） |
| | **伊藤仁斎**（1627～1705年） | | |
| | **貝原益軒**（1630～1714年） | **鄭斉斗**《チョンジェドゥ》（号は霞谷、1649～1736年）陽明学者 | |
| 1700年 | **安藤昌益**（1703～1762年） | **李瀷**《イイク》（号は星湖、1681～1764年） | |
| | | **洪大容**《ホンデヨン》（号は湛軒、1731～83年） | |
| | **＊カント**（1724～1804年） | **朴趾源**《パクチウォン》（号は燕巖、1741～93年） | |
| | **東條一堂**（1778～1857年） | | |
| | | **正祖**《チョンジョ》大王（1752～1800年）諱は祘（サン）、イ・サン | |
| 1800年 | | **丁若鏞**《チョンヤギョン》（号は茶山、1762～1836年） | **林則徐**（1785～1850年） |
| | **二宮尊徳**《たかのり》（1787～1856年） | | **龔自珍**《きょうじちん》（1792～1841年） |
| | | **崔漢綺**《チェハンギ》（1803～1877年） | **魏源**（1794～1857年） |
| | | **崔済愚**《チェジェウ》（号は水雲、1824～64年、東学初代教祖）『**東経大全**』『**龍潭遺詞**』 | |
| | | | **鄭観応**（1842～1922年） |
| | **西周**（1829～1897年） | **崔時亨**《チェシヒョン》（号は海月、1827～1898年、東学第2代教祖） | **厳復**（1854～1921年） |
| | | **全琫準**《チョンボンジュン》（1854～1895年、東学農民戦争指導者） | **康有為**（1858～1927年） |
| 1900年 | **福沢諭吉**（1835～1901年） | | **譚嗣同**《たんしどう》（1865～1898年）『**仁学**』 |
| | **田中正造**（1841～1913年）足尾鉱毒事件への抗議 | | |

| | | | |
|---|---|---|---|
| 600年 | **聖徳太子**（574～622年）<br>**柿本人麻呂**（660頃～724年） | **元暁**《ウォニョ》（617～686年）<br>**義湘**《ウイサン》（625～702年）<br>**薛聡**《ソルチョン》（生没年未詳） | **天台智《ち》顗《ぎ》**（538～597年）<br>天台宗の実質的な開祖 |
| 700年 | **『古事記』**（712年）<br>**『日本書紀』**（720年）<br>**弘法大師空海**（774～835年） | | |
| 800年 | **菅原道真**（845～903年）<br>**紫式部**（生没年不詳） | **『三国史記』**金富軾らによる最古の官撰歴史書（1145年） | |
| | | **『三国遺事』**僧一然（1206～1289年）による私撰史書 | **張載**（字は子厚、1020～1077年）<br>**程明道**（字は伯淳、1032～1085年） |
| 1100年 | **栄西**（1141～1215年） | **世宗**《セジョン》**大王**（1397～1450年）<br>**『訓民正音』**（ハングル、1446年） | **朱子**（名は熹、字は元晦、1130～1201年）新儒教集大成 |
| 1500年 | **千利休**（1522～1591年）<br>**豊臣秀吉**（1537頃～1598年）<br>**＊ホッブズ**（1588～1679年） | **徐敬徳**《ソギョンドッグ》（1489～1546年）<br>**李《イ》退《テ》溪《ゲ》**（名は滉、退溪は号、1501～70年）<br>**李栗谷**《イユルゴック》（名は珥、字は叔獻、1536～84年）<br>**許浚**《ホジュン》（1539～1615年） | **王陽明**（諱は守仁、陽明は号、1472～1529年）陽明学 |
| 1600年 | | **『東医宝鑑』**1613年刊行 | **黄宗羲**《こうそうぎ》（1610～1695年） |

# 【年　表】

※20世紀前後の人物は没年を主基準として配置
作成：吾妻聡、本村昌文、邊英浩

| | 日本（＊は西洋） | 韓国 | 中国 |
|---|---|---|---|
| 紀元前 | | **檀君《タングン》朝鮮建国**（前2333年） | 伝説上の聖人：**堯**、**舜**、**禹**、**伏羲《ふっき》**、**神農**、**黄帝** |
| | | | 殷の**紂《ちゅう》王**（1100年頃）<br>周の**武王**（在位期間：1023年？～1021年？） |
| 600年 | | | **老子**（生没年未詳。6世紀頃） |
| | | | **孔子**（字は仲尼、551年頃～479年） |
| 500年 | **＊ペリクレス**（495頃～429年） | | **顔回**（字は子淵、521～481年） |
| 400年 | **＊ソクラテス**（469頃～399年）<br>**＊プラトン**（427～347年）<br>**＊アリストテレス**（384～322年） | | **孟子**（氏は孟、字は子輿。372頃　～289年） |
| | | | **荀子**（諱は況、298～235年） |
| 紀元後 | | | **何晏《かあん》**（字は平叔、生年不詳～249年） |
| 500年 | **推古天皇**（544～628年） | | |

参考文献

・李暁東「立憲の中国的論理とその源泉」『政治思想における言語・会話・討議』（『政治思想研究』第13号、2013年 5月）
・和辻哲郎『倫理学』（1）～（4）（岩波文庫、岩波書店、2007年）
・和辻哲郎『日本倫理思想史』（1）～（4）（岩波文庫、岩波書店、2011～12年）
・和辻哲郎「現代日本と町人根性」『続日本精神史研究』（『和辻哲郎全集』第四巻、岩波書店、1962年）

紀』慶應義塾大学出版会、2005年
・朴忠錫／渡辺浩編『日韓共同研究叢書（11）韓国・日本・「西洋」——その交錯と思想変容』慶應義塾大学出版会、2005年
・朴忠錫／渡辺浩編『日韓共同研究叢書（16）「文明」「開化」「平和」——日本と韓国』慶應義塾大学出版会、2006年
・朴倍暎（パク・ペヨン）『儒教と近代国家——「人倫」の日本、「道徳」の韓国』講談社選書メチエ、2006年
・邊英浩『朝鮮儒教の特質と現代韓国——李退溪・李栗谷から朴正熙まで』図書出版クレイン、2010年
・『プラトン全集』岩波書店（田中美智太郎・藤沢令夫編）、第11巻『クレイトポン・国家』田中美智太郎・藤沢令夫訳、1976年
・丸山真男「歴史意識の『古層』」（『忠誠と反逆』ちくま学芸文庫、筑摩書房、1998年）
・丸山真男「原型・古層・執拗低音」（加藤周一らと共著『日本文化のかくれた形』岩波現代文庫、2004年）
・丸山真男『日本の思想』岩波新書、岩波書店、1961年
・三浦国雄『鑑賞中国の古典 〈第1巻〉 易経』角川書店、1988年
・三浦国雄『気の中国文化——気功・養生・風水・易』創元社、1994年
・三浦国雄監訳、車柱環著『朝鮮の道教』人文書院、1990年
・三浦国雄監訳、崔昌祚著『韓国の風水思想』金　在浩／渋谷鎮明訳、人文書院、1997年
・古田博司『悲しみに笑う韓国人』ちくま文庫、1999年
・古田博司『朝鮮民族を読み解く』ちくま学芸文庫、2005年
・守本順一郎『東洋政治思想史研究』未來社、1967年
・守本順一郎『日本思想史の課題と方法』未來社、1974年
・守本順一郎『日本思想史 改訂新版』未來社、2009年
・安冨歩『生きるための論語』ちくま新書、2012年
・安冨歩『もう「東大話法」にはだまされない——「立場主義」エリートの欺瞞を見抜く』 講談社プラスアルファ新書、2012年
・安冨歩『ドラッカーと論語』 東洋経済新報社、2014年
・ユルゲン・ハーバーマス『公共性の構造転換——市民社会のカテゴリーについての探究』（細谷貞雄訳）未來社、1973年
・頼住光子『日本の仏教思想——原文で読む仏教入門』北樹出版、2010年
・李暁東『近代中国の立憲構想——厳復・楊度・梁啓超と明治啓蒙思想』法政大学出版局、2005年
・李暁東「百姓（バイシン）社会：中国の『市民社会』の語り方」（宇野重昭・江口伸吾・李暁東編『中国式発展の独自性と普遍性 ——「中国模式」の提起をめぐって』国際書院、2016年）

参考文献

・神津朝夫『千利休の「わび」とは何か』角川ソフィア文庫、2015年
・川原秀城編『朝鮮朝後期の社会と思想』勉誠出版、2015年
・姜在彦（カン・ジェオン）『朝鮮儒教の二千年』講談社学術文庫、2012年
・『姜在彦著作選　全五巻』明石書店、1996年
・姜栄安（カン・ヨンアン）『韓国近代哲学の成立と展開――近代、理性、主体概念を中心に』鄭址郁訳、世界書院、2005年
・金泰昌『おのずからとみずからのあわい』東京大学出版会　2010年
・金泰昌編著『公共哲学を語りあう――中国との対話・共働・開新』東京大学出版会、2010年
・金泰昌編著『ともに公共哲学する――日本での対話・共働・開新』東京大学出版会、2010年
・金泰昌編著『共福の思想――地球時代の「フランシスコ的革命」を求めて』GEC 出版、1992年
・金勲（キム・フン）『元暁佛学思想研究』大阪経済法科大学出版部、2002年
・金鳳珍（キム・ボンジン）『東アジア「開明」知識人の思惟空間――鄭観応・福沢諭吉・兪吉濬の比較研究』九州大学出版会、2004年、総 328頁
・幸津國生『茶道と日常生活の美学』花伝社、2003年
・坂本太郎『聖徳太子』人物叢書、吉川弘文館、1979年
・白川静『字通』平凡社、1996年
・曽根正人『聖徳太子と飛鳥仏教』吉川弘文館、2007年
・崔在穆（チェ・ジェモク）『東アジア陽明学の展開』ぺりかん社、2006年
・趙景達（チョ・キョンダル）『異端の民衆反乱 東学と甲午農民戦争』岩波書店、1998年
・趙景達『朝鮮民衆運動の展開 士の論理と救済思想』岩波書店、2002年
・趙景達『近代朝鮮と日本』岩波新書、2012年
・趙景達『植民地朝鮮と日本』岩波新書、2013年
・鄭聖哲（チョン・ソンチョル）『朝鮮実学思想の系譜』雄山閣、1982年
・中尾友則『梁漱溟の中国再生構想――新たな仁愛共同体への模索』研文出版、2000年
・中村元編『聖徳太子』日本の名著２、中公バックス、中央公論社、1994年
・『決定版　中村元選集　別巻６　日本の思想Ⅱ　聖徳太子』春秋社、1998年
・林屋辰三郎他『日本の茶書 １、２』東洋文庫 201、206、平凡社、1971、72年
・朴忠錫（パク・チュンソク）『韓国政治思想史』飯田泰三監修、井上厚史／石田徹訳、法政大学出版局、2016年
・朴忠錫／渡辺浩編『日韓共同研究叢書（３）国家理念と対外認識 17－19 世

## 【参考文献】

本文、執筆関係者紹介に既出の重要著書は一部重複掲載。
著編者をあいうえお順に配列。


・吾妻重二主編／黄俊傑副主編『東アジア世界と儒教——国際シンポジウム』東方書店、2005年
・荒木勝『アリストテレス政治哲学の重層性』創文社、2011年
・『アリストテレス全集』岩波書店、出隆監修、山本光雄編：第15巻『政治学・経済学』（山本光男・村川堅太郎訳）1969年。
・李佑成（イ・ウソン）著／旗田巍監訳『韓国の歴史像』平凡社、1987年
・李泰鎮（イ・テジン）著／六反田豊訳『朝鮮王朝社会と儒教』法政大学出版局、2000年
・李泰鎭・安重根ハルピン学会編著／勝村 誠・安重根東洋平和論研究会監訳『安重根と東洋平和論』日本評論社、2016年
・石田尚豊『聖徳太子事典』柏書房、1997年
・家永三郎『日本思想史に於ける否定の理論の発達』弘文堂、1935年
・家永三郎『日本道徳史研究』岩波全書、改版 1977年、岩波書店
・家永三郎他『聖徳太子集』日本思想大系２、岩波書店、1975年
・岩間一雄『中国政治思想史研究』未来社、1968年
・岩間一雄『中国の封建的世界像』未来社、1982年
・岩間一雄『天皇制の政治思想史』未来社、1991年
・岩間一雄『比較政治思想史講義 ——アダム・スミスと福澤諭吉』大学教育出版、1997年
・岩間一雄『毛沢東その光と影』未來社、2007年
・小川晴久『朝鮮実学と日本』花伝社、1994年
・小川晴久／張 践／金彦鍾編『日中韓思想家ハンドブック——実心実学を築いた 99 人』勉誠出版、2015年
・小倉紀蔵『韓国は一個の哲学である』講談社学術文庫、2011年
・小倉紀蔵『韓流インパクト——ルックコリアと日本の主体化』講談社、2005年
・小倉紀蔵『入門朱子学と陽明学』ちくま新書 、2012年
・小倉紀蔵『新しい論語』ちくま新書、2013年
・小倉紀蔵・小針進共編『韓流ハンドブック』新書館、2007年
・小倉紀蔵・古田博司共編『韓国学のすべて』新書館、2002年
・片岡龍・苅部直編『日本思想史ハンドブック』新書館、2008年
・片岡龍監修、朴福美訳、韓亨祚（ハン・ヒョンジョ）著『朝鮮儒学の巨匠たち』春風社、2016年

**金 東 光**（キム・ドンガン：KIM　DONG KWANG）
職位：岡山大学グローバル人材育成院教授
執筆担当箇所：第十三章
主要業績
・*'Challenges of Governance in Korean Higher Education'*, in Sandra Bohlinger, Malgorzata Klatt and Thi Kim Anh Dang (eds) *Education Policy:Mapping the Landscape and Scope* (ISBN:978-3-631-65751-5), Frankfurt am Main, Germany: Peter Lang. 2016
・「韓国高等教育における公正性の問題について――『三不』政策を手掛かりに」『社会環境論究』8:21-33. 2016年
・「韓国の大学教育改革の方向性問題について」『アジア文化研究所研究年報』41:58-48. 2006年

**吾妻　聡**（あがつま・さとし：AGATSUMA　SATOSHI）
職位：岡山大学法学部准教授
執筆担当箇所：監修者序文・第一章の口述筆記、年表
主要業績
・「Roberto Ungerの批判法学批判：『批判法学運動』における形式主義批判・客観主義批判についての覚え書き」岡山大学法学会雑誌，第65巻第2号，211-284頁，2015年
・「Roberto Ungerの制度構想の法学についての一試論：わが国の文脈（公私の協働・交錯論）へと接続する試み」岡山大学法学会雑誌，62巻第4号，39-84頁，2013年
・「Roberto Ungerの法社会理論：その方法論的考察（1）制度構想の法学第二の序説」岡山大学法学会雑誌，61巻4号，631-694頁，2012年

**本村昌文**（もとむら・まさふみ：MOTOMURA　MASAFUMI）
職位：岡山大学社会文化科学研究科准教授
執筆担当箇所：年表
主要業績
・『いまを生きる江戸思想――十七世紀における仏教批判と死生観』ぺりかん社、2016年
・「林羅山の死別体験」東北大学日本思想史研究室＋冨樫進編『カミと人と死者』岩田書院、2015年
・「治癒と臨床」、苅部直ほか編『日本思想史講座』第5巻、ぺりかん社、2015年

**頼住光子**（よりずみ・みつこ：YORIZUMI　MITSUKO）
職位：東京大学大学院人文社会系研究科教授
執筆担当箇所：第四・五章
主要業績
・『『正法眼蔵』入門』角川ソフィア文庫、2014年
・『道元の思想　大乗仏教の真髄を読み解く』NHK 出版、2011年
・『日本の仏教思想――原文で読む仏教入門』北樹出版、2010年

**片岡　龍**（かたおか・りゅう：KATAOKA　RYU）
職位：東北大学文学部准教授
執筆担当箇所：第六・十二章
主要業績
・片岡龍・金泰昌編『公共する人間２　石田梅岩』東京大学出版会、2011年
・片岡龍・金泰昌編『公共する人間１　伊藤仁斎』東京大学出版会、2011年
・片岡龍・苅部直編『日本思想史ハンドブック』新書館、2008年

**柳生　真**（やぎゅう・まこと：YAGYU　MAKOTO）
職位：圓光大学校圓仏教思想研究院研究教授
執筆担当箇所：第七～九章
主要業績
・『崔漢綺氣學研究』景仁文化社、ソウル、2008年
・『東アジアから世界へ――ともに学びあう山田方谷・譚嗣同・崔漢綺』共著、樹福書院、大阪、2012年
・『한삶과 한마음과 한얼의 공공철학 이야기』（ハンサルムとハンマウムとハンオルの公共哲学物語）、柳生真筆記：金泰昌口述、鄭址郁訳、モシヌンサラムドゥル、ソウル、2012年

**中尾友則**（なかお・とものり：NAKAO　TOMONORI）
職位：神戸女子大学文学部教授
執筆担当箇所：第十・十一章
主要業績
・『梁漱溟の中国再生構想――新たな仁愛共同体への模索』研文出版、2000年
・「張東蓀の「士階級」論――中国における民主化の担い手として」『神女大史学』第32号、2015年 11月
・「梁漱溟の生命論的世界観」『岡山大学法学会雑誌』第59巻、第3・4号、83～118頁、2010年 3月

# 【執筆関係者紹介】

記載方針：業績は年代順とするが、単著など著書を先にし、論文はあとにする。氏名のふりがなは、日本人はひらがな、韓国人はカタカナ。

【監修者】

**荒木　勝**（あらき・まさる：ARAKI　MASARU）

職位：岡山大学理事・副学長（社会貢献・国際担当）

執筆担当箇所：監修者序文、第一章

主要業績

・『匿名のガル年代記　中世ポーランド年代記』（麻生出版、2014年）

・『アリストテレス政治哲学の重層性』創文社、2011年

・『東北アジアの幸福観』荒木勝／下定雅弘、岡山大学出版会、2011年

【編者】

**邊 英 浩**（ピョン・ヨンホ：BYEON　YEONGHO）

職位：都留文科大学文学部比較文化学科教授

執筆担当箇所：第三章、編者序文、あとがき、年表

主要業績

・『朝鮮儒教の特質と現代韓国――李退溪・李栗谷から朴正煕まで』図書出版クレイン、2010年

・『国際共同研究　韓国強制併合一〇〇年――歴史と課題』邊英浩・笹川紀勝監修、都時煥（編集）、明石書店、2013年

・共著『せめぎあう記憶――歴史の再構築をめぐる比較文化論』都留文科大学比較文化学科編、柏書房、2013年

【執筆関係者】（本文執筆者を先にし、執筆順に配列）

**金 泰 昌**（キム・テチャン：KIM　TAECHANG）

職位：元「公共哲学共働研究所」所長、現在「日韓中がともに公共する哲学対話の会」代表、韓国「東洋フォーラム」主幹

執筆担当箇所：第二章

主要業績

シリーズ『公共する人間』全5巻、東京大学出版会、2010-2011年

シリーズ『物語り論』（全三巻）共編、東京大学出版会、2007年

シリーズ『公共哲学』全20巻、佐々木毅他との共編、東京大学出版会、2001-2006年

岡山大学版教科書

# 東アジアの共通善 和・通・仁の現代的再創造をめざして

2017年 3 月30日　初版第1刷発行

監修者　荒木　勝
編　者　邊 英 浩
発行者　森田　潔
発行所　岡山大学出版会
〒700-8530　岡山県岡山市北区津島中 3-1-1
TEL 086-251-7306　FAX 086-251-7314
http://www.lib.okayama-u.ac.jp/up/

印刷・製本　研精堂印刷株式会社


ISBN 978-4-904228-53-1